WOLFGANG HERRNDORF

tschick

Lehrerheft

Krapp & Gutknecht

Elinor Matt

Inhaltsverzeichnis

Inhaltsverzeichnis

„Weil, man kann zwar nicht ewig die Luft anhalten. Aber doch ziemlich lange."

Dieses Schlusswort des Romans *tschick* könnte als Motto über den Jugendroman von Wolfgang Herrndorf gestellt werden. Zwei Jungen, Außenseiter unter Gleichaltrigen, gelingt es, auf spektakuläre und bedenkliche Weise, „ziemlich lange die Luft anzuhalten" und gestärkt durch die Erfahrung einer Freundschaft zu Atem zu kommen. Ihr Umgang miteinander bedeutet für sie veränderte Alltagswelt.

In einer Zeit, in der das Zusammenleben in der Familie nicht immer von Liebe und Fürsorge geprägt ist und Vorurteile, Intoleranz und Ausgrenzung zu Mangel an Selbstbewusstsein, Einsamkeit und auch zu Gesetzeswidrigkeiten führen können, bedeutet eine solche Freundschaft Hoffnung, eröffnet Chancen für Jugendliche und Erwachsene, sich ihrer Defizite bewusst zu werden und mit Veränderungen zu beginnen.
Diese Chance vor allem und die einfühlsame und humorvolle Schilderung eines Aufbruchs, einer Reise ins Ungewisse, empfehlen *tschick* als Lektüre für den Deutschunterricht.

Das Schülerarbeitsheft bereitet durch seine Ausrichtung auf die in den Bildungsstandards für das Fach Deutsch für den Mittleren Bildungsabschluss bundesweit festgelegten Kompetenzen auf die Anforderungen des 10. Schuljahres vor. Darüber hinaus stellt die CD Differenzierungsmaterialien bereit, die sich auf die Aufgaben des Schülerheftes beziehen. Durch die Bezugnahme auf die Bildungsstandards ist gleichzeitig die Verbindung zu den Lehr- und Stoffverteilungsplänen der einzelnen Bundesländer und Schulen garantiert. Daher sind diese Materialien bundesweit in den Klassen 8 bis 10 einsetzbar.

Die Aufgabenstellungen berücksichtigen allgemeine Schlüsselkompetenzen wie Selbstständigkeit, Sozialkompetenz und Teamfähigkeit, Kritik- und Entscheidungsfähigkeit sowie die spezifischen Fertigkeiten und Fähigkeiten des Faches Deutsch mit seinen Teilbereichen. Die Aufgabenstellungen umfassen Methoden und Arbeitstechniken, die einerseits zur Analyse und Interpretation hinführen, andererseits die Handlungs- und Produktionsorientierung und damit auch die Kreativität mit einbeziehen. Zudem sind Aufgabenstellungen eingearbeitet, die bundesweit in Tests üblich sind. In diesem Zusammenhang stehen auch die angebotenen Tests und die Formate des Gestaltenden und Interpretierenden Schreibens, die nicht die unterschiedlichen Klassenarbeitsformen in den einzelnen Bundesländern ersetzen sollen. Dazu ist eine Vorschlagsliste für Klassenarbeitsthemen angefügt.

Zuletzt, aber mit besonderem Nachdruck, sei darauf hingewiesen, dass die Aufgabenstellungen versuchen, die Atmosphäre, in die das Buch den Leser entführt, einzufangen.

In diesem Sinne wünsche ich Ihnen viel Freude beim Lesen der Lektüre und ihrer Behandlung im Unterricht.

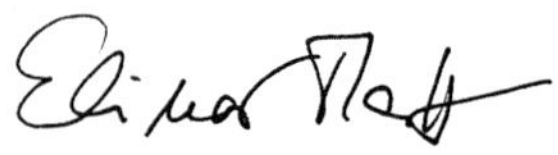

Inhalt des Romans

Der vierzehnjährige Maik Klingenberg stammt aus sogenannten „guten Verhältnissen". Er wirkt zurückhaltend und ist der Meinung, dass er in seiner Klasse als Langweiler gilt. Seit dem 7. Schuljahr ist er heimlich in seine Klassenkameradin Tatjana verliebt, die ihn jedoch nicht beachtet.

Die Situation für Maik ändert sich erst, als der Russe Tschick neu in die Klasse des Gymnasiums in Berlin-Marzahn kommt. Tschick, eigentlich Andrej Tschichatschow, ein Russlanddeutscher, lebt als Spätaussiedler mit seiner Familie in einer Hellersdorfer Plattenbausiedlung. Tschick erscheint zeitweise mit Alkoholfahne in der Schule, zeigt kaum Interesse am Unterricht und sorgt für Aufsehen. Zu Beginn der Sommerferien nimmt Tschick Kontakt zu Maik auf und erscheint mit einem gestohlenen Lada vor dessen Tür. Maiks alkoholkranke Mutter weilt in einer Entzugsklinik, getarnt als „Beautyfarm", sein Vater ist mit der Sekretärin auf „Geschäftsreise", und so lässt er sich von Tschick zu einer Fahrt in die „Walachei" überreden. Vorher besuchen die beiden Jungen noch die Geburtstagsparty der schönen Tatjana, zu der sie nicht eingeladen sind, und Maik schafft es mit der Unterstützung Tschicks, Tatjana sein mit viel Mühe angefertigtes Geschenk, ein Beyoncé-Bild, zu überreichen.

Dann brechen die Jungen zu ihrer abenteuerlichen Reise in die „Walachei", irgendwo im Südosten, auf. Sie verirren sich, da sie keine Landkarte haben und nicht wissen, in welche Richtung sie fahren sollen. Sie landen in Feldern, sumpfigen Ebenen, Touristenorten und einsamen Gegenden. Da sie beide keinen Führerschein besitzen und in einem gestohlenen Auto herumfahren, sind sie ständig auf der Hut vor der Polizei. Sie begegnen den unterschiedlichsten Menschen: einer kinderreichen Familie, mit der sie ein großartiges Mittagessen teilen, einem sonderbaren alten Mann, der auf sie schießt, einem verwahrlosten Mädchen, das sie eine Zeit lang begleitet, und einer sehr hilfsbereiten Sprachtherapeutin, die sie nach ihrem ersten Unfall in ein Krankenhaus bringt.

Zwischen Tschick und Maik entwickelt sich auf dieser hindernisreichen Reise eine Freundschaft. Sie erleben miteinander besondere Momente der Nähe. Als schließlich nach einem Unfall auf der Autobahn ihre Reise abrupt endet und sie sich wegen ihrer Gesetzesübertretungen verantworten müssen, zeigt sich die Stärke dieser Freundschaft. Gegen den Widerstand und die Vorurteile von Maiks Vater halten die Freunde bei den Verhören und vor Gericht zusammen. Durch die Anordnung des Richters, Tschick in einem Heim unterzubringen, können sich die beiden für eine gewisse Zeit nicht treffen. Ihre Freundschaft jedoch wird auch diese Trennung überdauern.

Interpretationsaspekte

Wolfgang Herrndorfs Roman *tschick* gehört wie *Simpel* von Marie-Aude Murail und Do van Rants *Wir retten Leben, sagt mein Vater* zu den komischen Kinder- und Jugendromanen.

Diese nehmen zwar (wie psychologische Kinderromane) die Auswirkungen veränderter Familienverhältnisse (etwa durch Tod, Scheidung der Eltern) auf die jungen Protagonisten in den Blick, gewinnen ihnen aber auch positive Aspekte ab. Die Umstände werden nicht beklagt, sondern mit Humor und Ironie betrachtet.[1]

Interpretationsansätze zu Herrndorfs Jugendroman *tschick* finden sich in den zahlreichen Rezensionen. Berücksichtigt man die wesentlichen Aussagen dieser Rezensionen, so kann man zu folgendem Deutungsansatz kommen:
Obwohl dem Roman ein großer Unterhaltungswert durch Spannung und Komik zugesprochen wird, steht doch die Auseinandersetzung mit den Problematiken im Vordergrund: Außenseitertum und Freundschaft, fehlende Geborgenheit, erste Liebe und Sehnsüchte der Heranwachsenden.
Sehr treffend sind die Zusammenhänge der als „asozial" bezeichneten Verhältnisse, in denen die beiden Protagonisten leben, mit ihren Gesetzesübertretungen geschildert. Ein Aufbruch aus diesen Verhältnissen, aus dem Alltagsleben, wird dargestellt mit allen positiven und negativen Motivationen und Folgen. Wolfgang Herrndorf ist es gelungen, die von Tschick und Maik begangenen Gesetzesübertretungen, die nicht in der Begeisterung über die abenteuerliche Reise, die Schilderung des Geschehens und die Darstellung der Personen untergehen dürfen, in ihrer Problematik aufzuzeigen und zu sanktionieren. Dass er dabei ein großes Einfühlungsvermögen für die Situation der beiden Jungen beweist, macht seinen Roman umso lesenswerter.
Herrndorf kam auf die Idee zu seinem Jugendroman, als er versuchte, sich zu erinnern, wie er mit zwölf oder fünfzehn Jahren fühlte und dachte. Dazu las er seine Lieblingsjugendbücher noch einmal. So fand er drei Gemeinsamkeiten: *„Rasche Eliminierung der elterlichen Bezugspersonen, große Reise, großes Wasser"*.[2]

Die elterlichen Bezugspersonen eliminieren sich in seinem Roman von selbst, sie kümmern sich kaum um ihre Kinder, die große Reise erfolgt in die „Walachei", nicht auf dem Wasser, sondern führt in die ostdeutsche Provinz. Der Aufbruch endet in einem Unfall, bereits der Anfang macht dies deutlich, aber er stärkt die Freundschaft zwischen Maik und Tschick und beider Selbstbewusstsein.

tschick zeichnet sich weiter aus durch den Ich-Erzähler Maik, der sensibel und lebensklug ist und keine aggressiven Reaktionen auf die Welt zum Ausdruck bringen will. Das gelingt durch den Episodenstil, durch den die Ereignisse, Eindrücke und Gedanken lebendig aneinandergereiht werden. Dabei biedert sich Herrndorf nicht mit gekünstelter Jugendsprache an.

Ehrlichkeit und Realitätsnähe charakterisieren den Text und machen ihn für Jugendliche und Erwachsene attraktiv. Ein zusätzlicher Reiz für die erwachsenen Leser kann in den Erinnerungen an *Huckleberry Finn und Tom Sawyer, Der Herr der Fliegen* und *Der Fänger im Roggen* liegen, die wach werden, wenn sie die abenteuerliche Reise von Maik und Tschick verfolgen. In diesem Zusammenhang wurde der Roman als „Road Movie" bezeichnet.

1 Vgl. Carsten Gansel: *Moderne Kinder- und Jugendliteratur. Vorschläge für einen kompetenzorientierten Unterricht.* Cornelsen SCRIPTOR 2010, S. 126–127.
2 Wolfgang Herrndorf; www.wolfgang-herrndorf.de/2010/rt3/

Die Arbeit mit dem Schülerheft soll das Erfassen des Inhaltes erleichtern, Charaktere und Beziehungen deutlich machen, zur Reflexion über Sprache und ihre Funktion anleiten und Textbotschaften vermitteln. Die unterschiedlichen Aufgabenstellungen berücksichtigen analysierende, interpretierende und kreative Arbeitsweisen und sollen zur Förderung der entsprechenden Fähigkeiten beitragen.
Die Zusammenstellung der Aufgaben ist einerseits ausgerichtet auf sorgfältigen Umgang mit einem literarischen Text, andererseits hat sie – durch die handlungs- und produktionsorientierten Arbeitsaufträge – die Lesefreude, die Stärkung der Empathiefähigkeit sowie die damit einhergehende Lesemotivation im Blick.

Würfel: © pixel 66 – Fotolia.com

Die Organisation der Aufgabenwerkstatt (Schülerheft S. 57–64) trägt der anzustrebenden Selbstständigkeit und Entscheidungsfähigkeit Rechnung. Die Schülerinnen und Schüler sollen aus jedem Themenbereich jeweils eine Aufgabe auswählen oder auswürfeln. Die Wahl kann aufgrund einer individuellen Einschätzung des Bearbeitungserfolges und/oder der Vorliebe für bestimmte Aufgabentypen erfolgen. Es gibt auch die Möglichkeit, die Zuweisung der Aufgabe dem Zufall zu überlassen, indem die Würfelaugen entscheiden. Für den Umgang mit dieser Möglichkeit sollten die Schülerinnen und Schüler dazu angehalten werden, ein einmal gewürfeltes Ergebnis nicht sofort infrage zu stellen. Denn hier bietet sich die zusätzliche Chance, eine getroffene Entscheidung nicht zu verwerfen, wenn Schwierigkeiten auftauchen, sondern zunächst zu versuchen, den Arbeitsauftrag zu erfüllen.
Viele Aufgaben im Schülerheft eignen sich zur Bearbeitung in Paar- oder Gruppenarbeit, andere lassen sich gut als Hausaufgaben erledigen. Die Wahl der Sozialform liegt in der Hand der Lehrperson, die nach Kriterien wie Leistungsfähigkeit, Unterrichtsmanagement und Zeitökonomie sowie der Bedeutung, die der Teamfähigkeit zugewiesen wird, entscheiden kann. Das gilt auch für die Auswahl der zu bearbeitenden Aufgaben im Hinblick auf Differenzierung, nachdem die für alle Lerngruppen obligatorischen Basisaufgaben erledigt worden sind.

Bestell-Nr. CDtschick

Die Aufgaben auf der CD sind auf das Schülerheft bezogen und bieten einerseits Hilfestellungen für schwächere Lerngruppen, andererseits schwierigere und weiterführende Aufgabenstellungen für leistungsfähigere Schülerinnen und Schüler. Sie stellen somit eine heute unerlässliche Binnendifferenzierung zur Verfügung.

Das Lehrerheft erläutert auf den folgenden Seiten 8–17 die **Themenschwerpunkte des Schülerhefts** und dessen Verwendung.
Die **Lösungen zu den Aufgaben des Schülerhefts** sind im Lösungsteil, Seite 63–75, zusammengestellt. So lassen sich diese auch einfacher kopieren und können gegebenenfalls den Schülerinnen und Schülern zur Kontrolle zur Verfügung gestellt werden.

SH mit Seitenangabe

Der **Heftteil „Ergänzende Unterrichtsmaterialien"** stellt auf den Seiten 24–55 **weitere Themenvorschläge und ergänzende Materialien** als Kopiervorlagen zur Verfügung. Zunächst werden diese in einer Übersicht mit Hinweisen zu ihrer Verwendung vorgestellt: Seite 18–23.

M mit Seitenangabe

Die Lösungen zu den ergänzenden Materialien sind im Lösungsteil auf den Seiten 76–79 aufgeführt.

LH mit Seitenangabe

Das Kapitel **„Klassenarbeiten"**, Seite 56–61, enthält jeweils eine Musteraufgabe zur Aufgabenform „Gestaltendes Schreiben" und „Interpretierendes Schreiben" mit Lösungshinweisen. Deren Elemente können auch in andere Aufgabenformen integriert werden.
Eine Themenliste mit weiteren Vorschlägen zur Evaluierung und zur Leistungsüberprüfung schließt dieses Kapitel auf Seite 62 ab.

I. Inhalt SH 3–19

Inhaltssicherung

Grundlage der Behandlung des Romans ist die Sicherung des Inhaltes. Es wurde bei den Aufgaben auf ein variationsreiches Angebot geachtet. Hierzu werden Arbeitstechniken angeboten, die durch die Textarbeit in den vorangegangenen Klassenstufen bekannt sein dürften: Lückentexte mit und ohne Wortvorgaben, Bilden von vollständigen Sätzen (Teilsätze, Stichwörter, Fragen), Ausfüllen von Leerstellen in Inhaltsangaben, Korrigieren von fehlerhaften Zusammenfassungen und das selbstständige Verfassen von Inhaltsangaben.

Die Textbegegnung kann – je nach Lerngruppe – unterschiedlich gestaltet werden. Leistungsstarke Schülerinnen und Schüler sollten die Lektüre als Hausaufgabe erledigen, frei oder in Form eines Wochenplanes (siehe Kopiervorlage S. 24).
Schülerinnen und Schüler mit einer geringeren Leseleistung und /oder Lesemotivation profitieren von einer Kombination mit dem Hörbuch, das alternierend zur häuslichen Lektüre, stillen Lesephasen oder für die gesamte Textbegegnung eingesetzt werden kann.
Zudem stehen dieser Lerngruppe Hilfestellungen in Form eines gelenkten Lesens auf der CD zur Verfügung.

Die Arbeit mit dem Hörbuch

argon hörbuch: Wolfgang Herrndorf, *tschick*

Sprecher: Hanno Koffler, geboren 1980 in Berlin, Theater- und Filmschauspieler.
Laufzeit: 297 Minuten
4 CDs in Multibox Art. Autorisierte Lesefassung Januar 2011
Bestell-Nr.: Hörtschick

Nach dem Mehrebenenmodell* der Lesekompetenz sind für deren Erwerb drei Ebenen zu berücksichtigen:
1. Prozessebene/2. Subjektebene/3. Soziale Ebene.

Die Prozessebene baut sich in fünf Anforderungsdimensionen auf. Basis ist die Buchstaben-, Wort- und Satzerkennung, die in der Grundschule ihren Platz hat, sich aber teilweise in die weiterführenden Schulen verlagert hat. Die zweite Dimension bedeutet die lokale Kohärenzbildung durch Verknüpfung von Satzfolgen. Daran schließt sich der Erwerb der globalen Kohärenzbildung (Gesamtverständnis des Textes) an. Die beiden höchsten Anforderungsdimensionen – die formale Organisation eines Textes erkennen und ein mentales Modell (innere Repräsentation) entwickeln – schließen den Erwerb der Lesekompetenz ab.

Für die schwächeren Leser sind die beiden ersten Anforderungsdimensionen schon so aufwendig, dass die kognitiven Ressourcen aufgebraucht werden und für das Gesamtverstehen nicht mehr zur Verfügung stehen. Hier setzt die Arbeit mit dem Hörbuch ein. Durch das gleichzeitige Hören und Lesen wird den Schülerinnen und Schülern die Decodierung abgenommen und damit die lokale und globale Kohärenzbildung erleichtert. Die Weiterarbeit mit dem Text und das Selbst(lese)konzept werden positiv beeinflusst.

Das Hörbuch zum Roman *tschick* ist sehr gut für diese Vorgehensweise geeignet, da es durch die geglückte sprecherische Umsetzung den Rezeptionsgenuss erhöht. So profitieren nicht nur die schwächeren Leser durch den Einsatz dieses Mediums, sondern auch die Schülerinnen und Schüler, welche die Stufen zwei und drei der Lesekompetenz erreicht haben.

---

* Vgl. Cornelia Rosebrock/Daniel Nix: *Grundlagen der Lesedidaktik und der systematischen schulischen Leseförderung.* Schneider Verlag Hohengehren GmbH 2010, S. 16.

Das Hörbuch bietet einen eigenen Rezeptionsgenuss, dessen Bedeutung für die Motivation nicht zu unterschätzen ist. Wenn die Zeitökonomie es hergibt, kann ein Vergleich von Text- und Hörrezeption durchgeführt werden (siehe S. 25 „Arbeitsmaterial Hörbuch"), der über die Behandlung der Lektüre hinaus einen Bezug zu dem Medienkonsum unserer Zeit herstellt und Kriterien der Rezeption an die Hand gibt. Es ist der Entscheidung der Lehrperson zu überlassen, ob und wie sie – angepasst an die Lerngruppe – den Einsatz mit dem Hörbuch organisiert. Da das Hörbuch den Text nicht 1:1 umsetzt, sondern Passagen auslässt, ist es hilfreich, sich mit dieser Hörfassung vor dem Einsatz im Unterricht bekannt zu machen, um die Schülerinnen und Schüler beim Mitlesen leiten zu können.*

Das Arbeitsblatt zum Hörbuch folgt in der Auswahl der Beurteilungskriterien dem Katalog der sprecherischen und sprachlichen Ausdrucksmittel der Sprecherziehung. Danach sieht die Einteilung des vollständigen Kriterienkatalogs wie folgt aus:

1. Melodische Ausdrucksmittel
   - Tonhöhe (hoch – tief)
   - Satzmelodie (melodisch – monoton)
   - Klangfülle (voll – eng)
   - Klangfarbe (hell – dunkel)
   - Klangfarbenqualität (Stimmung)
2. Dynamische Ausdrucksmittel
   - Betonung (gehäuft – selten/richtig – falsch)
   - Betonungswechsel (gleichmäßig – sprunghaft)
   - Lautstärke (gleichbleibend – wechselnd)
3. Temporale Ausdrucksmittel
   - Geschwindigkeit
   - Geschwindigkeitswechsel
   - Pausendauer
   - Pausenart (spannend – lösend)
   - Pausenanzahl
4. Artikulatorische Ausdrucksmittel
   - Deutlichkeit
   - Deutlichkeitswechsel
   - Lautbindung (abgehackt – bindend/ richtig – falsch)
   - Lautungsstufen (Dialekt – Standardsprache)
   - Lautungsgriff (scharf – verwaschen)
5. Gestik/Mimik
   - unterstützend
   - widersprechend
   - Doppelbindung (verbaler Ausdruck widerspricht nonverbalem Ausdruck)
6. Hörerbezug
   - Blickkontakt/Mimik/Gestik
   - Körperhaltung (zuwendend – abwendend)
   - Verstehensbereitschaft
7. Themabezug
   - Zusammenhang
   - Klarheit
   - Genauigkeit
   - Anschaulichkeit
   - Argumentation
8. Situationsbezug
   - Angemessenheit (Thema – Person – Kommunikationsart)
9. Intensität
   - Hörerbezug
   - Themabezug
   - Darstellungsbezug

Die Auswahl für das Schülerarbeitsblatt beschränkt sich auf einige wenige Kriterien, da die meisten Lerngruppen mit dem Umgang mit diesem Teil des Kompetenzbereiches Zuhören und Sprechen noch nicht vertraut sind und eine behutsame Hinführung erforderlich ist.

* Weitere Informationen über die Arbeit mit dem Hörbuch siehe: Volker Bernius/Margarete Imhof (Hg.): *Zuhörkompetenz in Unterricht und Schule – Beiträge aus Wissenschaft und Praxis.* Edition Zuhören Vandenhoeck & Ruprecht 2010, S. 105–134.

II. Stationen der Reise SH 20–26

Im Mittelpunkt des Romans steht die Reise der beiden Jungen, sodass es sich anbietet, die einzelnen Stationen näher zu beleuchten.

Schon zu Beginn tauchen Schwierigkeiten auf. Ohne Straßenkarte oder Navigationsgerät fehlt den Ausreißern die Orientierung, in welche Richtung sie fahren müssen. **Aufgabe 1** soll den Schülerinnen und Schülern diese Situation vor Augen führen, indem sie mithilfe von Karten die Wege und Irrwege verdeutlicht.

Aufgabe 2 soll einen geordneten Überblick geben, welche Orte erreicht werden und welche Ereignisse und Begegnungen an den verschiedenen Stationen stattfinden. Um eine zeitraubende Suche im Text zu verhindern, sind in der Tabelle die Orte und die Seitenzahlen der dazugehörigen Textstellen angegeben, zu denen die Ereignisse und die darauf folgenden Reaktionen der Protagonisten eingetragen werden sollen. Das ermöglicht auch einen differenzierten Umgang mit den Inhalten: Schülerinnen und Schüler, die sorgfältig gelesen und ein gutes Gedächtnis haben, werden selten zum Text greifen müssen. Für diese Lerngruppe bietet sich die Einzelarbeit an. Für Lerngruppen, die vorwiegend mit dem Text arbeiten, ist die Partnerarbeit eine gute Lösung, da sie Arbeitsteilung ermöglicht und so Zeit spart. Zudem gibt sie den Partnern ein stärkeres Gefühl der Sicherheit, was ihre Ergebnisse betrifft.

Dieser Übersicht über die Reisestationen folgt mit der **Aufgabe 3** eine detailliertere Beschäftigung mit einzelnen Erlebnissen, mit besonderen Momenten. In dieser Aufgabe soll das Interesse auf die emotionalen Reaktionen der beiden Jungen gelenkt werden. Diese Reaktionen sind wichtig, um zu zeigen, dass Maik und Tschick nicht einfach Ausreißer und Gesetzesübertreter sind, sondern junge Menschen mit Sensibilität und einer großen Sehnsucht nach Zuwendung und Geborgenheit. So beschäftigt sich die **Aufgabe 3.1** mit der Szene unter dem nächtlichen Sternenhimmel, indem sie Erklärungen zu Aussagen der Jungen und Zuordnungen von Adjektiven verlangt, die der Gefühlslage entsprechen.

Wichtig für Maik sind das Zusammentreffen mit Isa, das Gespräch mit ihr und der unterschiedliche Umgang mit der Sexualität. Gerade durch diesen Unterschied wird die Unerfahrenheit Maiks, aber auch die Sensibilität Isas für diese Unbeholfenheit besonders deutlich. Die Erarbeitung dieser Inhalte erfolgt in der **Aufgabe 3.2** in drei Schritten: Zuerst sollen sich die Schülerinnen und Schüler mithilfe von Textstellen die Haltungen von Maik und Isa zur Sexualität vor Augen führen. Anschließend wird der Umgang der beiden miteinander geklärt und abschließend wird eine Stellungnahme zu diesem Verhalten gefordert. Damit hat dieser besondere Augenblick im Roman in der Lebensrealität der Lerngruppe seinen Platz bekommen.

Ein weiterer bemerkenswerter Moment auf der Reise ist der Aufenthalt auf der Passhöhe bei der Holzhütte. Angeregt durch die Schnitzereien in der Holzwand, die eine Erinnerung an Menschen über ihren Tod hinaus bewahren, macht sich Maik Gedanken über Leben und Sterben, über Sinn und Sinnlosigkeit des Lebens, die ihn die Gegenwart und das Zusammensein mit Tschick und Isa voll Freude erleben und den Wunsch spüren lassen, diesen Augenblick festzuhalten in dem Versprechen, sich in fünfzig Jahren wieder hier zu treffen. Die zugehörige **Aufgabe 3.3a** schlüsselt den Gedankengang Maiks auf. Mithilfe von vorgegebenen Teilsätzen, die die Lösung der Aufgabe erleichtern, soll der Gedankengang nachvollzogen werden. Um auch eventuelle Reaktionen der beiden anderen Beteiligten mit einzubeziehen, wird in **Aufgabe 3.3b** dazu aufgefordert, mögliche Gedanken von Tschick und Isa zu formulieren. Dass bei dieser Aufgabe die eigenen Reaktionen der Schülerinnen und Schüler zum Tragen kommen, bedeutet einen erneuten Transfer in ihre Lebensrealität.

III. Maik und Tschick – Eine Freundschaft SH 27–33

In engem Zusammenhang mit der Reise steht die Entwicklung der Freundschaft der beiden Jungen, die – jeder auf seine Weise – Außenseiter sind. In einem ersten Schritt **(Aufgabe 1)** werden die beiden mithilfe der Informationen, die der Text gibt, vorgestellt. Dazu dient eine ungeordnete Auflistung der Textangaben, die in die richtigen Spalten der Tabelle sortiert werden sollen. Aufgrund der prägnanten Unterschiede der charakterisierenden Angaben wird der größte Teil der Aufgabe aus dem Gedächtnis zu erledigen sein, wozu die Lerngruppe auch aufgefordert werden sollte. Nicht nur die Arbeit mit dem Text, sondern auch die Leistungen des Gedächtnisses sollten eine Rolle spielen, fördern sie doch beide das sorgfältige Lesen. Die Unterschiedlichkeit der beiden Protagonisten muss am Anfang der Bearbeitung stehen, da sie die Besonderheit dieser Freundschaft und auch die verschiedenen Bedeutungen von „asozial" und „Verwahrlosung" in den Blick nimmt. Eine Folge der familiären Vernachlässigung Maiks ist sein Selbstunwertgefühl, das er deutlich zum Ausdruck bringt. Vielen Jugendlichen ist eine solche negative Selbsteinschätzung nicht unbekannt. So hat **Aufgabe 2a** eine doppelte Funktion: der Selbsteinschätzung einen anderen, positiv gesehenen Maik gegenüberzustellen (eine Sicht Tschicks und möglicherweise der Leser) und Jugendlichen mit diesem Beispiel, dass negative Selbsteinschätzungen nicht zutreffen müssen, Mut zu machen. Mithilfe der angegebenen Seitenzahlen finden sich genügend Textstellen, die Maiks positive Eigenschaften darstellen.

Die Beschäftigung mit Maiks Meinung über Graf Luckner **(Aufgabe 2b)** fügt eine weitere Nuance zum Charakter des Jugendlichen hinzu und regt die Schülerinnen und Schüler an, sich mit den eigenen Vorlieben für Abenteuerbücher/-filme zu beschäftigen.

Auch die Vorstellung von Tschick ist belastet, und zwar durch die Mitschüler, die ihm eine negative Charakterisierung geben und ihn ablehnen. Gründe für dieses Verhalten sind in Vorurteilen zu suchen, Vorurteilen Fremden und Andersartigem gegenüber, womit der Roman mitten auf ein Problem unserer Gesellschaft zielt. Umso wichtiger ist es, an der Person des Tschick nachzuvollziehen, welchem Irrtum man unterliegen und welcher Unbarmherzigkeit man sich schuldig machen kann.

So hat auch die **Aufgabe 2c** eine doppelte Funktion: eine Auflösung der oberflächlichen Sicht Tschicks und eine Anregung zur Auseinandersetzung mit Vorurteilen in unserer Gesellschaft und ihren Folgen. Mithilfe angegebener Textstellen sollen die Schülerinnen und Schüler die positiven Eigenschaften Tschicks erkennen und formulieren.

Bei den Ergebnissen der Aufgaben 2a und 2c sollte darauf geachtet werden, dass in grammatikalisch vollständigen Sätzen formuliert wird.

Aufgabe 3 befasst sich mit der langsamen Entwicklung der Freundschaft zwischen Maik und Tschick. **Aufgabe 3a** stellt in einer Tabelle Beschreibungen der Beziehung der beiden zusammen, die Art und Stärke der Freundschaft zum Ausdruck bringen. Um die Arbeit zu erleichtern und auch um die richtige Darstellung der Freundschaft zu garantieren, sind die

Beschreibungen vorgegeben, zu denen mithilfe der Seitenzahlen die passenden Textstellen herausgesucht und -geschrieben werden sollen. Da Maik der personale Ich-Erzähler ist, erfährt der Leser nur seine Gedanken und Gefühle, sodass die Arbeit mit dem Text Maik in den Mittelpunkt stellt. So verlangt die **Aufgabe 3b** Smileys/Strichmännchen zu finden oder herzustellen, die die Gefühle Maiks seinem Begleiter Tschick gegenüber benennen. Dieser Arbeitsauftrag kombiniert sprachliche Darstellung mit visuellem Vorstellungsvermögen und weist auf die Wichtigkeit der Körpersprache hin. Zudem sind dadurch Tätigkeiten eingebunden, die den kognitiven Umgang mit einem literarischen Text entlasten.

Aufgabe 3c wiederholt mithilfe der Bilder die Stationen der Reise und die Entwicklung der Freundschaft. Der visuelle Charakter dieser Aufgabe bedeutet Differenzierung und Abwechslung zugleich. Die Formulierung einer Überschrift zu jedem Bild fokussiert die jeweilige Situation auf die Kernaussage. Um den individuellen Ansichten Rechnung zu tragen, haben die Schülerinnen und Schüler in der **Aufgabe 3d** die Möglichkeit, eine Reihenfolge nach eigenem Geschmack herzustellen. Die Ergebnisse könnten für ein Unterrichtsgespräch genutzt werden, das – wie das *Literarische Lernen im Gespräch** fordert – Leseerfahrungen und Verstehensansätze vergleichen könnte.

Aufgabe 3e hat das Ziel, eine wichtige Feststellung Maiks herauszustellen, die auf seinen Reiseerfahrungen beruht: Es gibt auch hilfsbereite und freundliche Menschen. Die Aufmerksamkeit der Lerngruppe auf diesen Punkt zu lenken, gehört zu den Forderungen unserer Gesellschaft.

IV. Maiks Mädchen SH 34–37

Die beiden für Maik wichtigen Mädchen sind sehr unterschiedlich in ihren Persönlichkeiten und den Rollen, die sie für Maik und seine Gefühle spielen. Um die Unterschiedlichkeit der beiden herauszuarbeiten, beschäftigen sich die **Aufgaben 1a** bis **2b** mit ihrem Äußeren und ihren Eigenschaften. Da der Text kaum Informationen über Tatjanas Aussehen enthält, sind vor allem die individuellen Vorstellungen der Schülerinnen und Schüler gefordert, was sie sich jeweils unter „super" vorstellen. So ist wiederum ein Bezug zur Lebensrealität geleistet. Die Arbeitsanweisung der **Aufgabe 1a**, einen Text über Tatjana zu verfassen, ist mithilfe der wenigen Angaben im Text und einer Auflistung, was eine Personenbeschreibung enthalten sollte, zu leisten. Die Merkmale der Personenbeschreibung, die in den Klassenstufen 6 oder 7 behandelt wird, dürften nicht mehr präsent sein, sodass diese Auflistung notwendig erscheint.

Aufgabe 1b macht eine andere Aufgabenstellung möglich, da über Isa dem Text einige Informationen zu entnehmen sind. Es bietet sich hier an, die unveränderlichen und die veränderlichen Personenmerkmale einzubinden, denn Isa ist durch den Aufenthalt auf der Müllkippe äußerlich verändert. Die handlungs- und produktionsorientierte Aufgabe, eine für die Polizei brauchbare Beschreibung zu liefern, ist eine Abwechslung zu Aufgabe 1a und garantiert einen kommunikativen Zusammenhang.

Aufgabe 2a bezieht sich auf Eigenschaften Tatjanas und bringt die indirekte Charakterisierung ins Spiel, die aus dem Verhalten auf Eigenschaften schließt. Diese

* Vgl. Praxis Deutsch 200, S. 14/15.

Schlussfolgerung sollen die Schülerinnen und Schüler leisten und ihre Ergebnisse begründen, was eine sorgfältige Überlegung voraussetzt.
Aufgabe 2b liegt ebenfalls auf der Ebene der indirekten Charakterisierung, fordert aber keine Begründungen, sondern eine Benennung der Eigenschaften durch passende Adjektive, was durch die zahlreichen Angaben von Isas Verhalten exakte Arbeit an der Sprache bedeutet.
Mit der **Aufgabe 2c** sind wieder die individuellen Vorstellungen der Schülerinnen und Schüler gefragt. Sie sollen Vermutungen anstellen, welche Eigenschaften Tschick Isa zuspricht. Diese Aufgabe ist „gestaltend", indem sie eine Leerstelle im Text ausfüllen lässt. Für die Fachlehrkraft bietet sich hier auch die Gelegenheit, das Ausfüllen von Leerstellen während der Rezeption eines Textes anzusprechen, was zum Lesen dazugehört. Abgeschlossen wird die **Aufgabe 2d** mit einer Stellungnahme zu Tschicks Urteil über Isa, die wieder den Bezug zur Lebensrealität herstellt.
Aufgabe 3a beschäftigt sich mit dem Augenblick am Schluss des Romans, als Isa durch ihren Brief und die Ankündigung ihres Besuches in die Berliner Welt von Maik eintritt und seine Gefühlsirritationen zum Thema macht. Die Aufgabe, eine Liste zu erstellen, was ihm an den Mädchen jeweils gefällt, ist eine brauchbare Methode für viele Klärungs- und Entscheidungssituationen. Am Beispiel der Situation Maiks findet „Probehandeln" statt, das die Literatur den Lesern ermöglicht. Diese Aufgabe hat vorbereitenden Charakter für **Aufgabe 3b.** Mithilfe eines auflockernden Bilderrätsels soll vor der Textproduktion auf die beiden Momente hingewiesen werden, die Maik sehr berührt haben: das beleuchtete Fenster von Tatjanas mutmaßlichem Zimmer, an das er sich auch auf der Reise schmerzlich erinnert und das in ihm Gefühle der Wärme und der Sehnsucht hervorruft, und die Hand Isas auf seinem Knie, die Nähe vermittelt und die er in diesem Augenblick dem Sex vorzieht. Das Ausmalen mit einer zu den Gefühlen passenden Farbe ist eine auf Individualität zielende Aufgabe, die sich von kognitiven Anforderungen absetzt. Eine solche Aufgabe ist auch eine Art von Differenzierung, da sie die Möglichkeit bietet, ohne Formulierungsfähigkeiten Deutungen darzustellen.
Aufgabe 3c zeigt eine weitere Möglichkeit, wie man mit Problemen umgehen kann: sich an eine Person wenden, der man vertraut. Da der Roman eine solche Person in der Sprachtherapeutin dargestellt hat, ist es nachvollziehbar, dass Maik den Briefkontakt mit ihr sucht. Zum einen steht auch diese Aufgabe im Zusammenhang mit dem „Probehandeln", zum anderen ist das Verfassen eines Briefes eine gute Vorbereitung auf handlungs- und produktionsorientierte Aufgaben in Prüfungen. Zum Abschluss soll eine auf der Kenntnis des Charakters von Maik beruhende Entscheidung getroffen werden, welches Mädchen besser zu Maik passen würde. Die Begründung dient der Sorgfältigkeit und dem Nachweis der Textkenntnis.

V. Grenzüberschreitungen SH 38–45

Da zu erwarten ist, dass der Lesegenuss im Verfolgen der abenteuerlichen Reise der beiden Protagonisten bestehen wird und weniger in der Reflexion der Straftaten, ist es erforderlich, auch auf diesen Bereich im Themenfeld ein besonderes Gewicht zu legen, ohne die Verstehensbereitschaft und Fürsorge für diese beiden belasteten Jugendlichen außer Acht zu lassen, die auch der Roman vermittelt.
In einer ersten **Aufgabe (1a)** soll eine Liste der Straftaten Tschicks erstellt werden, wie sie sich nach unseren Gesetzen darstellt. Die angegebenen Seitenzahlen lassen diese Aufgabe zügig bearbeiten.
Mit den Verfehlungen Maiks beschäftigt sich **Aufgabe 1b.** Durch die schon erstellte Liste für Tschick kann diese Aufgabe mittels Markierungen erledigt werden. Die entstandene Übersicht wird – auf den ersten Blick – zeigen, dass Maik „im Schlepptau" von Tschick gehandelt hat. Dabei darf nicht übersehen werden – auf den zweiten Blick – dass es sich auch um

Entscheidungen von Maik handelt, sich seinem Mitschüler anzuschließen. Bei näherem Hinsehen zeigt sich auch, dass sich eins aus dem anderen ergeben hat, um die Situation zu bestehen, wobei immer die Möglichkeit gegeben war, sich in einer mutigen Entscheidung zu stellen.

Aufgabe 1c stellt heraus, dass Maik Gesetzesübertretungen „in eigener Regie“ begangen hat. Um die Textkenntnis der Lerngruppe herauszufordern, sind keine Seitenangaben gemacht. Es handelt sich um einprägsame Handlungen Maiks, die aus dem Gedächtnis angegeben werden sollten.

Oft wird in unserer Gesellschaft darauf hingewiesen, dass man sich hauptsächlich mit den Tätern und weniger mit den Opfern beschäftigt. Die Gefahr besteht auch bei der Rezeption dieses Romans. Daher stehen in der **Aufgabe 2** die Geschädigten im Mittelpunkt. Ihre möglichen Reaktionen sollen in Sprechblasen festgehalten werden, was einen Perspektivenwechsel verlangt und das Blickfeld auf das Geschehen erweitern soll.

In der Gerichtsverhandlung wird klar, dass sich die verantwortlichen Erwachsenen mit großem Verständnis für die Jugendlichen um ein gerechtes Urteil bemühen. Eine wichtige Frage, die der Richter in diesem Zusammenhang stellt, ist die Frage nach dem WARUM. Durch das Zögern und die Gedanken von Maik, diese Frage zu beantworten, ist auch der Leser aufgefordert, sich genauer mit den Voraussetzungen für Maiks Verhalten zu beschäftigen. Mithilfe des Zitates, das einige Angaben enthält, und den Vorgaben im Schaubild, sollen die Schülerinnen und Schüler in **Aufgabe 3a** die Gefühle Maiks erschließen und formulieren und seine Reaktion und gleichzeitige Hoffnung beschreiben. Die Bearbeitung dieser Aufgabe soll eine Zusammenfassung der Voraussetzungen für das Geschehen aus der Perspektive Maiks ergeben.

Aufgabe 3b legt den Fokus auf die Bewertung der Verhältnisse, in denen die beiden Jungen leben. Es wird festgestellt, dass beide in „asozialen“ Verhältnissen sind, wobei das Wort „asozial“ eine zweifache Bedeutung hat. Was „asozial“ im Hinblick auf Tschick meint, scheint klar: Armut, Ungepflegtsein, krimineller Hintergrund in der Familie. So einfach liegen die Dinge bei Maik nicht, dessen Elternhaus auf den ersten – oberflächlichen – Blick geordnete Verhältnisse in gepflegter Umgebung ausstrahlt. Bei näherem Hinsehen zeigt es sich, dass auch hier das Wort „asozial“ angebracht ist: alkoholkranke Mutter, Vater und Geliebte, Vernachlässigung des Sohnes, seelische Verwahrlosung. Die Aufgabe 3b gibt Textstellen vor, die auf das Verhalten der Eltern hinweisen und fordert dazu auf, dieses Verhalten und die möglichen Charakterzüge der Eltern und die Wirkung auf Maik zu beschreiben. So wird deutlich gemacht, worunter Maik im Elternhaus zu leiden hat und was ihm zu der Entwicklung eines gesunden Selbstwertgefühls gefehlt hat.

In **Aufgabe 3c** sollen die Schülerinnen und Schüler durch eine Textproduktion nachweisen, dass sie die unterschiedliche Bedeutung von „asozial“ verstanden haben.

Aufgabe 4: Durch die Information aus dem Jugendstrafrecht wird das Geschehen in die Lebensrealität transferiert. Für die Jugendlichen sind die möglichen Sanktionen, die das Jugendstrafrecht verhängen kann, von besonderer Bedeutung. So können sie **(Aufgabe 4b)** nachvollziehen, welches Strafmaß für Maik und Tschick angewendet worden ist, mithilfe von Textangaben erkennen, welche mildernden Umstände bedacht worden sind und die Urteile bewerten. Angesichts der zahlreichen kriminellen Handlungen von Jugendlichen, mit denen wir durch die Medien konfrontiert werden, ist eine solche Aufgabenstellung eine wichtige Anregung zur Auseinandersetzung mit diesem Phänomen unserer Gesellschaft, die durch Aufgaben im Lehrerheft (S. 43) weitergeführt werden kann.

Aufgabe 5 – Aufbruch und Lebensfreude: Diese Aufgabe beleuchtet den fulminanten Schluss des Romans. Während der Vater überhaupt nichts verstanden hat und sich seiner Verantwortung entzieht, finden Maik und seine Mutter zueinander.

In **Aufgabe 5a und 5b** untersuchen die Schüler die Beziehungen und Gefühle Maiks zu seiner Mutter.

Aufgabe 5c bis 5e: Maiks Mutter gelingt ein Neuanfang. Die Schüler untersuchen das gemeinsame „Untertauchen“ und „Luftanhalten“ von Mutter und Sohn als Ausdruck ihrer Lebensfreude und Verbundenheit. Beide brechen aus ihrer engen Welt aus.

VI. Erzählperspektive SH 46–47

Die **Aufgabe 1** macht auf die Erzählperspektive aufmerksam, indem sie den Ich-Erzähler aus dem Text erschließen lässt.
Daran schließt sich in der **Aufgabe 2** die Beschäftigung mit den Merkmalen dieses Ich-Erzählers an. Da es sich um einen personalen Ich-Erzähler handelt, müssen die Innensicht und die Außensicht näher bestimmt werden. Das geschieht mithilfe einer Definition dieser beiden Sichtweisen und zwei Textausschnitten, die ihnen zugeordnet werden sollen.
Aufgabe 3 behandelt noch einmal diese Merkmale des personalen Erzählers, indem die Schülerinnen und Schüler aufgefordert werden, selbst entsprechende Textbeispiele herauszuschreiben.
Die dreiteilige **Aufgabe 4** schließt die Beschäftigung mit der Erzählperspektive ab. Zunächst wird auf das Präteritum als Zeitform des Ich-Erzählers hingewiesen und die Möglichkeiten, die diese Zeitform für die Struktur des Romans bietet, werden genannt: Bestimmung der Reihenfolge, in der das Geschehen erzählt wird, die Möglichkeiten der Rückblende und des Rahmens.
Aufgabe 4a dient der Beweisführung, dass ein Rahmen die Brücke vom Anfang zum Ende des Romans schlägt. Der entsprechende Satz soll gefunden und herausgeschrieben werden.
Aufgabe 4b verdeutlicht durch die Vervollständigung eines Schaubildes die Rahmentechnik.
Aufgabe 4c beschäftigt sich mit der Wirkung der Andeutungen auf den Leser, die durch die Rückblende ermöglicht werden. Die Lerngruppe kann diese Wirkung an sich selbst testen.

VII. Erzählstil SH 48–49

1. Episodenstil

Neben der Erzählperspektive ist der Erzählstil dieses Romans eine Betrachtung wert. Es handelt sich um den Episodenstil, der im mündlichen Erzählen vorherrschend ist und dem Roman eine eigene Lebendigkeit gibt. Das spontane Übergehen von einem Gedanken zum nächsten zeigt sich besonders deutlich in der Zusammenbindung von Kapitelenden mit den Anfängen der Folgekapitel durch den assoziativen Zusammenhang der Gedanken. So ist es naheliegend, mit einem solchen Beispiel diese Technik zu veranschaulichen und mit der Aufgabe zu verbinden, selbst zwei weitere Beispiele herauszuschreiben.

2. Das Stilmittel der Komik

Ein weiteres Stilmittel, das den Roman auszeichnet, ist das Mittel der Komik. Es hat sich erfahrungsgemäß als hilfreich erwiesen, die Schülerinnen und Schüler im Vorfeld über ihre individuellen Vorlieben für bestimmte Arten von Komik nachdenken zu lassen. Diese Einstimmung leistet der **Teil a** der Aufgabe durch die Beschriftung des Clusters mit Beispielen, was als komisch empfunden wird.
Mit dem Hinweis, dass Komik in Situationen, Geschichten, Figuren und der Sprache stecken kann, soll in **Teil b** stichwortartig notiert werden, was der Roman – der individuellen Meinung nach – an Komik bietet. Die zu erwartenden unterschiedlichen Ergebnisse könnten zu einer vertiefenden und fruchtbaren Diskussion über Komik und den Umgang mit ihr in unserer Medienwelt Anlass geben.

VIII. Sprachliche Gestaltung SH 50–52

Die lebendige und unkomplizierte Sprache kommt den Lesegewohnheiten unserer Schülerinnen und Schüler entgegen, zumal sie geprägt ist vom Stil des mündlichen Erzählens und zum Teil auch von den Ausdrucksmöglichkeiten der Jugendlichen. Aufgabe dieses Themenbereiches ist es, die Aufmerksamkeit auf die Merkmale dieser Sprache zu lenken und die sprachlichen Fähigkeiten des Autors mit ihr sichtbar zu machen. Der Teilbereich SPRACHE UND SPRACHGEBRAUCH kommt hier zum Tragen und wird in seiner Funktionalität erarbeitet.
So beschäftigt sich die Aufgabe zur Sprachform mit den Sprachebenen. Zunächst werden Definitionen der unterschiedlichen Sprachebenen gegeben, die die Schülerinnen und Schüler in die Lage versetzen, selbst bestimmen zu können, welche Sprachformen im Roman vertreten sind und diese durch ein Beispiel nachzuweisen.
Die Aufgabe zum Satzbau, der auch Merkmale des mündlichen Erzählens enthält, weist dazu an, die charakteristischen Merkmale aus einem Zitat herauszusuchen und zu notieren. Diese Aufgabe ist gleichzeitig eine Möglichkeit, den Umgang mit rhetorischen Stilfiguren zu üben.
Zum Abschluss der Beschäftigung mit der sprachlichen Gestaltung wird der Fokus auf die Wortwahl gelegt. **Aufgabe 1** lenkt den Blick auf mögliche Wirkungen von Wörtern. Die Vervollständigung einer Tabelle mit vorgegebenen Sprachebenen, zu denen jeweils die Wirkung beschrieben und durch ein Textbeispiel belegt werden soll, verdeutlicht, wie entscheidend eine passende Wortwahl für die Rezeption sein kann.
Aufgabe 2a weist auf die Doppeldeutigkeit des Wortes „Walachei" hin und verlangt eine Erklärung beider Bedeutungen.
In der **Aufgabe 2b** geht es um die Funktion dieses doppeldeutigen Wortes im Handlungszusammenhang: Die Schülerinnen und Schüler sollen erklären, warum beide Bedeutungen des Wortes für die Reise passend sind. Diese Aufgabenstellung leitet über zu der Beschäftigung mit der Interpretation des Romans.

IX. Interpretation SH 53–55

Ansätze eines interpretierenden Umgangs zeigen sich in vielen Rezensionen. Daher bietet es sich an, die Schülerinnen und Schüler mit Informationen aus diesen Texten arbeiten zu lassen. Die **Aufgabe 1**, jeweils einen Grund zu finden, der die Aussage unterstützt, erfordert eine gedankliche Auseinandersetzung mit dem Roman. Die Aufstellung einer individuellen Reihenfolge der Deutungsvorschläge dient der Vertiefung. Die abschließende Arbeitsanweisung, selbst eine Interpretation zu formulieren, gibt die Möglichkeit einer Auswahl und – als freiwillige Differenzierung gedacht – die Chance zu einer eigenen, über die vorliegenden Vorschläge hinausgehenden und/oder ihnen widersprechenden Auslegung.
Aufgabe 2 macht darauf aufmerksam, dass der Titel des Romans den Namen *Tschick* mit einem kleinen Anfangsbuchstaben schreibt und so als Adjektiv behandelt. Es ist davon auszugehen, dass dies nicht ohne Absicht geschehen ist. So soll nach einer möglichen Erklärung gesucht werden. Dieser Arbeitsauftrag zielt auf Interpretation, regt die Auseinandersetzung mit der Textbotschaft an und lässt individuelle Lösungen zu. Hilfreich kann eine Bearbeitung in den Sozialformen der Partner- oder Gruppenarbeit sein.
Der Vergleich der Reise von Tschick und Maik mit Reisen in sagenhaften Geschichten um einen Helden ist eine interessante Variante der Interpretation, die den Schülerinnen und Schülern nicht vorenthalten werden sollte. Acht wichtige Stationen einer solchen „Heldenreise" in **Aufgabe 3** werden zum Abgleichen mit der Reise, die der vorliegende Jugendroman schildert, aufgelistet. Mit diesem Vergleich werden noch einmal die Stationen in den Blick genommen und ihre Botschaften durch eine neue Perspektive vertieft.
Auf die eigene Lebensrealität zielt auch die **4. und letzte Aufgabe** dieses Themenschwerpunktes. Aus den zentralen Themen des Romans können sich die Schülerinnen und Schüler den Aspekt auswählen, der ihnen am wichtigsten erscheint und an ihren Meinungen und Erfahrungen messen. Sinn der Arbeit mit dieser Methode ist vor allem, erfahrbar zu machen, dass Literatur mit dem eigenen Leben zu tun haben kann.

X. Kritik SH 56

Anschließend an die Beschäftigung mit Interpretationsansätzen erscheint es folgerichtig, die eigene Meinung der Schülerinnen und Schüler über den Roman *tschick* zu berücksichtigen. Dies geschieht in drei Schritten. **Teil a** der Aufgabe hat vorbereitenden Charakter, indem er mit zwei unterschiedlichen Reaktionen zweier Jugendlicher auf den Roman bekannt macht. Diese Reaktionen sollen in **Teil b** kommentiert werden in Briefen an die beiden Jugendlichen, wozu ein Bewusstmachen der eigenen Meinung notwendig wird. Diese Aufgabenstellung dient der Zusammenstellung einzelner Punkte, die zu einer eigenen Meinungsdarstellung führen. **Teil c** verlangt dann aufbauend auf den Ergebnissen der vorhergehenden Aufgabe die Produktion eines zusammenhängenden eigenen Kommentars.

XI. Aufgabenwerkstatt SH 57–64

Dieser Teil des Schülerarbeitsheftes schließt sich den Themenbereichen an, die als Pflichtthemen bezeichnet werden können, wobei sich die Ausführlichkeit der Behandlung nach den Lerngruppen richtet. Demgegenüber ist die Aufgabenwerkstatt als Wahlbereich zu betrachten, von dem aber Gebrauch gemacht werden sollte, denn er erfüllt drei Funktionen:

1. Der handlungs- und produktionsorientierte Deutschunterricht hat seit Jahren seinen Platz im Deutschunterricht gefunden und – richtig eingesetzt – zu besseren Lernergebnissen geführt. Vor allem in der Literaturrezeption bietet er mit seinen vielfältigen Zugängen zu Texten nicht zu unterschätzende Möglichkeiten. Für die Schülerinnen und Schüler liegt hier die Chance, ihren individuellen Fähigkeiten entsprechend Aufgaben zu bearbeiten und ihre Rezeption des Romans vertiefen zu können. Erfahrungsgemäß tragen Aufgaben aus dem handlungs- und produktionsorientierten Unterricht zur Schülermotivierung und -aktivierung bei. Daher ist es nur folgerichtig, auch bei der Behandlung des empfehlenswerten Jugendromans *tschick*, Aufgaben aus diesem Bereich mit einzubeziehen.
2. Für die Lehrpersonen bietet die Aufgabenwerkstatt die Möglichkeit, ihrem Unterricht eine individuelle Prägung, einen selbst gewählten Schwerpunkt zu geben, nicht nur im Hinblick auf die zu behandelnden Inhalte, sondern auch in Bezug auf die Gestaltung der Stunden.
3. Der kompetenzorientierte Kernlehrplan weist – neben den Informationen über die obligatorischen Inhalte, Fertigkeiten und Fähigkeiten – auch auf die Selbstständigkeit und Entscheidungsfähigkeit der Schülerinnen und Schüler hin, zu denen die Schule ihren Beitrag zu leisten habe. Durch das Angebot der Aufgabenwerkstatt, sich aus jedem Bereich eine Aufgabe zu wählen oder zu erwürfeln, ist die Möglichkeit gegeben, eine individuelle inhaltliche Wahl zu treffen, aber auch eine Entscheidung über die Vorgehensweise. Das sind Trainingssituationen für die oben genannten Kompetenzen.

Dieser Heftteil enthält das Schülerheft ergänzende Themen und dazugehörende Materialien als Kopiervorlagen.
Zunächst werden diese in einer Übersicht auf den folgenden Seiten 18–23 vorgestellt: Die Materialien sind dabei mit **M** und ihrer Seitenangabe gekennzeichnet, z. B. **M 24**.
Die Materialien folgen in Form von Kopiervorlagen auf den Seiten 24–62.

1. Wochenplan zur Lektüre – Erarbeitung und Sicherung des Inhalts **M 24**

Die Erarbeitung des Inhalts kann auch mithilfe eines Wochenplans erfolgen. Diese Vorgehensweise, die ein hohes Maß an Eigenverantwortung vonseiten der Schüler erfordert, bietet die Freiheit, sich die zu erledigenden Aufgaben individuell einteilen zu können und entlastet die Unterrichtszeit. Die Entscheidung, welche Lerngruppe mit diesem Wochenplan umgehen kann, liegt bei der jeweiligen Fachlehrkraft. Eine Möglichkeit, die Ergebnisse der Wochenplanarbeit zu sichern, findet sich bei den Lösungen zum Schülerheft unter Punkt „Inhalt", Seite 63–67.

2. Das Hörbuch *tschick*

Das Hörbuch zum Roman *tschick* ist sehr gut zur Unterstützung des Leseverstehens geeignet und bietet einen Rezeptionsgenuss. Auf den Seiten 8–9 wird das Arbeitsblatt **M 25** im Zusammenhang mit der Inhaltssicherung kommentiert.

3. Advance Organizer* – Organisation der Unterrichtseinheit **M 26**

Der Advance Organizer leistet einen Beitrag zur Transparenz des Einstiegs in eine Thematik/Unterrichtseinheit. Er stellt die einzelnen Themenbereiche vor und garantiert so ein sachlich korrektes Vorverständnis. Er verfolgt folgende Ziele:

1. Ermöglichung von Verknüpfung von vorhandenem und neuem Wissen
2. Anbahnung von Verstehen
3. Mitwirken der Schüler (Reihenfolge bestimmen, Veränderungen vorschlagen, Schüler bei Erstellung einbeziehen)

Zur Sicherstellung der ständigen Orientierungsmöglichkeit und Verdeutlichung, in welcher Beziehung die Teilthemen zum Gesamtthema stehen, sollte er jedem Schüler/jeder Schülerin zur Verfügung gestellt werden. Der vorliegende Advance Organizer zum Roman kann in der angegebenen Reihenfolge, die der des Schülerarbeitsheftes entspricht, oder in einer anderen, mit den Schülern neu festgelegten Reihenfolge, bearbeitet werden. Es besteht auch die Möglichkeit, dass neue Themenpunkte hinzugefügt werden, die sich aus Diskussionen ergeben könnten.

4. Der Autor Wolfgang Herrndorf – Leben und Werke **M 27–32**

Aus Gründen der Zeitökonomie und der Differenzierung ist die Erarbeitung und Beurteilung der Informationen über den Autor und seine Werke in die Lehrerhandreichung und nicht in das Schülerarbeitsheft aufgenommen worden. Die Verwendung der entsprechenden Arbeitsblätter liegt in den Händen der Fachkollegen. Zwei Möglichkeiten, diesen Themenbereich zu bearbeiten, werden hier angeboten:

a) Lerntempoduett

Die beiden Arbeitsblätter, die auch die Erklärung der Vorgehensweise enthalten, befinden sich auf **M 27–28**. Es hat sich als hilfreich erwiesen, für die Kopien der Arbeitsblätter zwei unterschiedliche Farben zu benutzen. So können die Schülerinnen und Schüler sofort erkennen, wer als Arbeitspartner/Arbeitspartnerin infrage kommt.

---

* Ausführliche Informationen siehe: Diethelm Wahl: *Lernumgebungen erfolgreich gestalten – Vom trägen Wissen zum kompetenten Handeln.* Bad Heilbrunn Verlag Julius Klinkhardt 2006, Kap. 5, 3, S. 139 ff.

b) Internetrecherche

Lerngruppen, die selbstständiges Arbeiten gewöhnt sind und genügend Computer zur Verfügung haben, können sich die Informationen mithilfe der angegebenen Internetadressen beschaffen und durch die gestellten Aufgaben weiterverarbeiten. Arbeiten am Computer motiviert und fördert die Kompetenz im Umgang mit den Medien. Durch die Angabe der Internetadressen ist einem zeitraubenden Suchen Vorschub geleistet und brauchbare Informationsquellen sind garantiert. Die Bearbeitung dieser Aufgabenstellung ist auch als Hausaufgabe möglich. Das zugehörige Arbeitsblatt befindet sich auf **M 31**.

5. Vergleichen

(Huckleberry Finn/Tom Sawyer[1] – Herr der Fliegen[2] – Der Fänger im Roggen[3])

Der Vergleich mit einem anderen Jugendbuch mit ähnlicher Thematik soll vor Augen führen, wie wichtig dieses Thema in der Lebenswelt der Jugendlichen war und ist, und auf Unterschiede in der Behandlung des Stoffes aufmerksam machen, die die Sichtweise erweitern können.

Arbeitsmaterial befindet sich auf **M 33–34**.

6. Außenseiter in der Klasse (Textarbeit) M 35–37

Da es sich bei den beiden Protagonisten des Romans um Außenseiter handelt, sollten sich die Schülerinnen und Schüler wenigstens in einer Arbeitseinheit mit diesem Thema befassen. Der Text informiert über Kennzeichen von Außenseitern, über mögliches Verhalten der Klassengemeinschaft und über die Folgen für die Betroffenen. Die Textarbeit wiederholt durch unterschiedliche Aufgaben wichtige Inhalte und hält in einer Schlussaufgabe dazu an, sich Gedanken über die Reaktionen der Ausgegrenzten zu machen.

7. Jugendkriminaliät (Reziprokes Lesen/Trade-a-Problem) M 38–41

Reziprokes Lesen

Wie Schoenbach, Greenleaf, Cziko und Hurwitz[4] gezeigt haben, erhält man durch den Einsatz der Fragetypen des reziproken Lesens eine Spannbreite von Informationsentnahme, Anwendung von Erfahrungswissen im Zusammenhang mit Textverständnis bis zum Verfassen von Stellungnahmen zur Thematik.

Es gibt vier Fragetypen:

- Fragen, bei denen Informationen zu ermitteln sind;
  Antworten sind direkt im Text zu finden
- Fragen zum umfassenden Textverständnis;
  Antworten sind nicht in einer Textstelle zu finden, müssen aus verschiedenen Textstellen kombiniert werden
- Fragen zum Reflektieren und Bewerten;
  Antworten sind nicht direkt im Text zu finden, sondern durch eine Kombination von Textinformationen und mitgebrachtem Wissen
- Fragen zur Interpretation;
  Antworten sind nicht im Text, sondern liegen in der Interpretation, sind aus dem Text zu erschließen

Text und Arbeitsblatt befinden sich auf **M 39–40**.

---

1 http://de.wikipedia.org/wiki/Die_Abenteuer_von_Tom_Sawyer_und_Huckleberry_Finn
2 Informationen zum Inhalt aus: http://www.schulzeux.de/deutsch/hausaufgaben-arbeiten/der-herr-der-fliegen-von-william-golding_inhaltsangabe-zusammenfassung-und-charakterisierung.html
3 https://de.wikipedia.org/wiki/Der_F%C3%A4nger_im_Roggen
4 Vgl. Schoenbach, Ruth / Greenleaf, Cynthia / Cziko, Christine / Hurwitz, Lori: *Lesen macht schlau. Neue Lesepraxis für weiterführende Schulen.* Cornelsen Scriptor 2006, S. 104.

Trade-a-Problem

Ziel dieser Methode ist die gemeinsame Problemlösung unter Beteiligung möglichst vieler Schüler.
Der Ablauf gliedert sich in folgende Schritte:

1. Jede Gruppe formuliert (oder erhält) eine Problemfrage zum Themenbereich und schreibt sie auf das Arbeitsblatt **M 41**. Eine Problemfrage kann auch zwei Gruppen zugewiesen werden.
2. Dieses Arbeitsblatt wird im Uhrzeigersinn zur nächsten Gruppe weitergegeben, die Lösungsversuche draufschreibt.
3. Es wird gewechselt, bis das Arbeitsblatt wieder in seiner Ursprungsgruppe ist.
4. Die Gruppe diskutiert die notierten Lösungsversuche und erarbeitet eine Gesamtlösung.
5. Die endgültigen Lösungen werden im Plenum diskutiert. Eine mögliche abschließende Diskussion über die Gesamtproblematik wäre auf diese Weise detailliert vorbereitet.

Vorschläge für Problemfragen, die zur vorliegenden Thematik in die Arbeitsblätter eingesetzt werden könnten:

a) Ist es richtig, dass sich Jugendliche unter 14 Jahren strafrechtlich nicht verantworten müssen?
b) Welche Ursache für Jugendkriminalität ist besonders wichtig?
c) Haben Eltern und Lehrer Mitschuld an der Kriminalität von Jugendlichen?

8. Jugendalkoholismus (Lehrtext – Instruktionstext – Persuasionstext) M 42–53

Die Einteilung Lehrtexte – Instruktionstexte – Persuasionstexte* hat sich für die Arbeit mit Sachtexten als brauchbar erwiesen.

Lehrtext

Bei diesen häufig nicht linearen Lehrtexten kommt es darauf an, die Inhalte während des Lesens in die Vorwissensstrukturen einzufügen und so sein Wissen zu erweitern. In dieser Phase der Textnutzung wird Wissen bereitgestellt und gespeichert für Situationen, in denen es zum Verstehen von damit zusammenhängenden Sachverhalten geht, um durch Aktivieren des Wissens und Einfügen in den situativen Kontext fundierte Entscheidungen möglich zu machen oder Meinungen zu überdenken und eventuell zu verändern.
Sie sind in semantischer Hinsicht domänenspezifisch (handeln von bestimmten fachlichen Wissensgebieten) und vielfältig strukturiert (d. h. ihr Aufbau variiert stark). Auch der Erfolg der Lektüre des Romans *tschick* ist vom domänenspezifischen Vorwissen der Schülerinnen und Schüler mit abhängig. Die richtige Einschätzung dieses Vorwissens und die Bereitstellung der daran angepassten Texte ist Grundlage guter Lernergebnisse. Die Vorgehensweise wird auf **M 42** erklärt. Der Lehrtext befindet sich auf **M 43**, die Materialien dazu auf **M 44–46**.

Instruktionstext

Instruktionstexte vermitteln Wissen, mit dem Ziel, Handlungen auszulösen, wie es z. B. bei Gebrauchsanweisungen oder Ratgebern der Fall ist, die ebenfalls durch Bilder und/oder Grafiken unterstützt werden können. Arbeitsblätter zur Textbearbeitung befinden sich mit dem entsprechenden Textmaterial auf **M 47–50**.

Persuasionstext

Bei den Persuasionstexten handelt es sich um Texte, deren zentrale Funktion in der Erzielung einer Einstellung oder Einstellungsänderung besteht. Bekannte Beispiele sind politische Kommentare oder Predigten. Im Zusammenhang mit dem Thema Alkohol, das im Roman eine Rolle spielt, liegt es nahe, über Bedingungen der Suchtentstehung zu informieren und sich mit Möglichkeiten der Suchtvermeidung zu beschäftigen. Die entsprechenden Arbeitsblätter befinden sich auf **M 51–53**.

---

* Vgl. Cornelia Rosebrock / Daniel Nix: *Grundlagen der Lesedidaktik und der systematischen schulischen Leseförderung.* Schneider Verlag Hohengehren GmbH 2010, S. 16.

9. Gesamtwiederholung M 54–55

I. (Inhalt)

a) Lückentext

Eine Möglichkeit der Überprüfung der inhaltlichen Kenntnisse stellen Lückentexte dar, bei denen die Schüler nicht selbst formulieren müssen. Die CD enthält dazu Kopiervorlagen.

b) Multi-Interview

Ziel dieser Methode ist das Sichtbarmachen/Testen des eigenen Wissens. Jede Schülerin/jeder Schüler erhält ein Kärtchen/einen Zettel mit einer von der Lehrperson vorgegebenen Frage zum Inhalt des Romans. Für die Beantwortung sollte genügend Platz zur Verfügung stehen. Nach der Bearbeitungsphase werden die Ergebnisse in der angegebenen Reihenfolge der Fragen im Plenum vorgetragen und gegebenenfalls korrigiert. Es hat sich als vorteilhaft erwiesen, den Schülern anschließend die komplette Übersicht mit allen Fragen und Antworten für die Weiterarbeit zur Verfügung zu stellen. Die Vorlagen für die Fragen siehe **M 54**. Diese Methode ist auch als Gruppenarbeit oder mit alternierenden Paarbildungen möglich, wobei die Fragen anders verteilt werden müssen.

II. (Themenbereiche)

a) Struktur-Lege-Technik

Auch diese Methode setzt auf Sichtbarmachen/Testen des eigenen Wissens. Es werden Kärtchen mit Begriffen, die Themenbereiche des Romans betreffen und von der Lehrperson vorbereitet worden sind, als Grundbestandteil eines semantischen Netzwerkes auf die Tische gelegt (Partner- oder Gruppenarbeit). Die Arbeit beginnt mit einer Sortieraufgabe: Die Kärtchen werden geordnet nach Erklärungen/Beschreibungen, die sofort gegeben werden können und solchen, für die man sich die Informationen aus seinen Unterlagen heraussuchen muss. Anschließend werden die Kärtchen in eine Struktur gebracht, die die Themen des Romans transparent macht. Dabei kann jedes Paar/jede Gruppe eine eigene Hierarchie in der Anordnung erarbeiten, d. h. eine Reihenfolge und Zusammenstellung der Begriffe, die der jeweiligen Bedeutungszumessung Rechnung trägt. Zur Verdeutlichung können Erklärungen hinzugeschrieben und Pfeile angebracht werden. Die Kärtchen werden in der erarbeiteten Struktur auf ein Plakat geklebt, welches dann im Plenum erläutert wird. Eine abschließende Diskussion bietet sich an, vor allem wenn aus den unterschiedlichen Strukturen eine Vielfalt von Ansichten zu erkennen ist. Vorlagen für die Kärtchen befinden sich auf **M 55**.

b) Jeopardy

Mit dieser Methode wird die Verantwortung für die Bearbeitungsschwerpunkte in die Hände der Schüler gegeben. In Gruppenarbeit formulieren sie selbst Fragen und Antworten zum Text, schreiben sie auf verschiedenfarbige Kärtchen und tauschen sie mit einer anderen Gruppe aus. Es geht dann darum, den Antworten bzw. Aussagen die richtigen Fragen zuzuordnen. Eine andere Spielform mit den hergestellten Kärtchen ist das Memory.

c) Zielfindungsmethode

Die Nutzung dieser Methode stellt hohe Anforderungen an die Lerngruppe. Die Aufgabe wird in Gruppenarbeit angeboten. Zunächst sollen die Schüler in Einzelarbeit acht persönliche Aussagen zum Text einzeln auf acht Zettel schreiben und sich anschließend die drei wichtigsten heraussuchen. Die restlichen fünf Aussagen werden an den Nachbarn weitergegeben (Uhrzeigersinn). Jeder Schüler hat dann wieder acht Aussagen. Er sucht wieder drei aus und gibt fünf weiter. Die Gruppe muss einmal komplett durch sein. Zum Schluss hat jeder Schüler drei Aussagen. Nach einer Gruppendiskussion werden drei Aussagen gewählt, die im Plenum vorgestellt und begründet werden. An die Präsentation kann sich ein Gespräch im Plenum anschließen.

Theaterbühne: © James Steidl – Fotolia.com

10. Aufgaben aus der Theaterpädagogik

Aufgaben aus der Theaterpädagogik haben sich im Bereich des handlungs- und produktionsorientierten Unterrichtes etabliert. Sie schöpfen aus dem Reservoir des Theaters, das in seinen Kreativ-Möglichkeiten Texte zu interpretieren, den Deutschunterricht bereichern kann. Das Spektrum der vermittelten Kompetenzen ist groß:

- Persönlichkeitsbildende Kompetenzen (Ich-Kompetenz: Selbstbewusstsein, Engagement, Identifikation)
- Soziale und kommunikative Kompetenz (Empathie, Kommunikation, Kooperation, Verantwortung, Teamfähigkeit)
- Sach- und Methodenkompetenz (z. B. Analysefähigkeit)
- Ästhetische Kompetenzen (z. B. Rezeptionskompetenz, Entwicklung des sprachlichen Ausdrucks)

So kann man an den drei hier angebotenen Aufgabenstellungen unschwer erkennen, dass die Lernsituation zahlreiche und unterschiedliche Aspekte umfasst:

- Umgang mit Texten, Textverständnis (Situationen aus dem Roman)
- Sprechhaltung und sprachlicher Ausdruck (Spiel)
- Feedback – Verhalten (Beobachtung/anschließende Reflexion)
- Improvisation (Ausfüllen von Leerstellen/Umsetzen in andere Gattung)
- Konzentration (auf Textvorlage, Umsetzung im Spiel, Reaktion auf Partner)
- Bewusster Einsatz von Körpersprache, Gestik, Mimik und Proxemik (Spiel)
- Zusammenspiel als Paar/Gruppe

a) Hilfs-Ich

Möglichkeit 1

Aufgabe (PA): Eine/einer von euch übernimmt die Rolle des Maik, der sich überlegt, ob er mit Tschick die Reise in die „Walachei" antreten möchte. Sie/er versucht, sich alle Punkte vor Augen zu halten, die dagegensprechen. Sie/er spricht ihre / seine Gedanken laut aus. Die/der andere übernimmt die Rolle des sogenannten Hilfs-Ichs, das Maik darin unterstützt, die richtige Entscheidung zu treffen, und widerspricht, indem es alle Punkte nennt, die für die Reise sprechen. Immer wenn es zu Maik spricht, legt es ihm die Hand auf die Schulter. Das Spiel ist zu Ende, wenn Maik eine Entscheidung getroffen hat.

Möglichkeit 2

Aufgabe (PA): Eine/einer von euch übernimmt die Rolle des Maik, der sich zwischen Tatjana und Isa entscheiden muss. Sie/er versucht, sich alle Punkte vor Augen zu halten, die für Tatjana sprechen. Sie/er spricht ihre/seine Gedanken laut aus. Die/der andere übernimmt die Rolle des sogenannten Hilfs-Ichs, das Maik darin unterstützt, die richtige Entscheidung zu treffen, und widerspricht, indem es alle Punkte nennt, die für Isa sprechen. Immer wenn es zu Maik spricht, legt es ihr die Hand auf die Schulter. Das Spiel ist zu Ende, wenn Maik eine Entscheidung getroffen hat.

Nachbereitung

Es sollte unbedingt eine Nachbesprechung erfolgen, in der vor allem die für die Entscheidung relevanten Punkte herausgearbeitet werden, seien es die Argumente, die Verhaltensweisen oder die Stärken im Spiel. Diese Reflexion trägt dazu bei, dass sprachliche und sprecherische Mittel in den Fokus gerückt werden, deren Wirkungsweise in der Realität täglich erfahrbar und durch Transparenz beeinflussbar ist.

b) Konfrontationsfigur

Vorbereitung

Es werden zwei Schüler bestimmt, die die Rolle des Tschick übernehmen. Sie erhalten folgende Aufgabe: Sammelt Argumente, die Tschicks Verhalten verständlich und nachvollziehbar machen. Notiert euch eure Ergebnisse stichwortartig. Berücksichtigt die Informationen, die euch der Roman gibt.
Die übrigen Schülerinnen und Schüler werden in Gruppen aufgeteilt, die jeweils folgende Aufgabe erhalten: Erfindet eine Gegenfigur zu Tschick, die versucht, ihm klarzumachen, dass er sein Verhalten ändern muss. Anschließend sammelt ihr Argumente, die helfen können, Tschick zu überzeugen. Berücksichtigt die Informationen, die euch der Roman gibt. Überlegt euch auch Strategien, wie ihr mit Tschick umgehen wollt. Macht euch stichwortartig Notizen.

Spiel

Die beiden „Tschicks" und die übrigen Schülerinnen und Schüler sitzen einander gegenüber. Die Gruppe versucht nun, mit ihren Argumenten und passenden Verhaltensweisen Tschick umzustimmen. Die beiden „Tschicks" unterstützen sich gegenseitig in ihren Antworten. Ob es zu einer Verhaltensänderung kommt, entscheidet der Spielverlauf. Die Lehrperson kann als Gruppenmitglied fördernd und strukturierend in das Spiel eingreifen und es auch an einem passenden Punkt beenden.

Nachbereitung: s. o.

c) Kreuzverhör

Diese Spielaufgabe ist ähnlich strukturiert wie die vorherige.

Vorbereitung

Es werden zwei Schüler bestimmt, die die Rolle des Tschick übernehmen. Sie erhalten folgende Aufgabe: Sammelt Argumente, die Einstellung und Verhalten von Tschick verständlich und nachvollziehbar machen. Notiert euch eure Ergebnisse stichwortartig. Berücksichtigt die Informationen, die euch der Roman gibt.
Die übrigen Schülerinnen und Schüler werden in Gruppen aufgeteilt, die jeweils folgende Aufgabe erhalten: Formuliert Fragen, die ihr Tschick in einem Kreuzverhör stellen wollt, um seine Einstellung und sein Verhalten einer Prüfung zu unterziehen und ihn anzuregen, über sich und die Folgen seines Handelns nachzudenken. Berücksichtigt die Informationen, die euch der Roman gibt.

Spiel

Die beiden „Tschicks" und die übrigen Schülerinnen und Schüler sitzen einander gegenüber. Die Gruppe stellt nun ihre Fragen und die beiden Schüler, die den Tschick spielen, unterstützen sich gegenseitig bei ihren Antworten. Welche Einstellung am Ende als die bessere erscheint oder ob es zu keiner Gewichtung kommt, entscheidet der Spielverlauf.
Die Lehrperson kann als Gruppenmitglied fördernd und strukturierend in das Spiel eingreifen und es auch an einem passenden Punkt beenden.

Nachbereitung: s. o.

Bei diesem Roman bietet es sich natürlich auch an, die Gerichtsverhandlung zu spielen. Das kann mit den Rollen- und Situationsvorgaben geschehen, die der Text anbietet und deren Leerstellen von den Spielern ausgefüllt werden müssen. In der Vorbereitung sollte festgelegt werden, welche Positionen die einzelnen Personen einzunehmen haben und auf welches Ziel das Spiel ausgerichtet ist, die Ausgestaltung der Szene liegt im Bereich der Improvisation.

Wochenplan zur Lektüre und Inhaltssicherung

Du hast für die Lektüre des Romans *tschick* und die Bearbeitung der Aufgaben zum Inhalt (SH S. 3–19) eine Woche Zeit. Dir stehen vier Unterrichtsstunden und die Hausaufgabenzeit zur Verfügung. Sieh dir zuerst die Aufgaben und die Seitenanzahl der Kapitel genau an und schätze ab, wie lange du jeweils zur Erledigung benötigen wirst. Berücksichtige auch, welche Aufgaben sich gut zur Partnerarbeit eignen und welche du lieber allein bearbeiten möchtest. Notiere dir dann in die zweite Spalte deinen Arbeitsplan, indem du ein U einträgst, wenn das Kapitel im Unterricht erschlossen werden soll und ein H für die Erledigung zu Hause.
Wenn du eine Aufgabe erledigt hast, male den Lada farbig aus in der Farbe, die deiner Meinung nach zu den Kapiteln passt. Du kannst auch bewerten, wie dir die Aufgabe gefallen hat. Schreibe dazu jeweils eine Zahl neben das Auto. Richte dich bei deiner Bewertung nach der Notenskala von 1 bis 5.

Aufgabe	Zeitplan	Erledigt
1. Lies die Kapitel 1–4 und erledige die dazugehörigen Aufgaben. (SH 3–4)		
2. Lies die Kapitel 5–8 und erledige die dazugehörigen Aufgaben. (SH 4–5)		
3. Lies die Kapitel 9–11 und erledige die dazugehörigen Aufgaben. (SH 5–6)		
4. Lies die Kapitel 12–13 und erledige die dazugehörigen Aufgaben. (SH 7)		
5. Lies die Kapitel 14–17 und erledige die dazugehörigen Aufgaben. (SH 8)		
6. Lies die Kapitel 18–19 und erledige die dazugehörigen Aufgaben. (SH 9)		
7. Lies die Kapitel 20–23 und erledige die dazugehörigen Aufgaben. (SH 10–11)		
8. Lies die Kapitel 24–25 und erledige die dazugehörigen Aufgaben. (SH 12)		
9. Lies die Kapitel 26–30 und erledige die dazugehörigen Aufgaben. (SH 13)		
10. Lies die Kapitel 31–34 und erledige die dazugehörigen Aufgaben. (SH 14)		
11. Lies die Kapitel 35–36 und erledige die dazugehörigen Aufgaben. (SH 14–15)		
12. Lies die Kapitel 37–38 und erledige die dazugehörigen Aufgaben. (SH 15–16)		
13. Lies die Kapitel 39–41 und erledige die dazugehörigen Aufgaben. (SH 16–17)		
14. Lies die Kapitel 42–44 und erledige die dazugehörigen Aufgaben. (SH 17–18)		
15. Lies die Kapitel 45–46 und erledige die dazugehörigen Aufgaben. (SH 18–19)		
16. Lies die Kapitel 47–49 und erledige die dazugehörigen Aufgaben. (SH 19)		

Vervollständige die Tabelle und vergleiche abschließend die Wirkung des Hörens mit der des Lesens.

	**Stimme** – angenehmer/unangenehmer Klang – abwechslungsreiche/ monotone Satzmelodie	**Betonung und Lautstärke** – abwechslungsreich/ monoton – sinngemäß/nicht dem Sinn entsprechend	**Sprechtempo** – zu schnell/angemessen/ zu langsam – Text leicht/schwer mitzu-verfolgen – zu wenige/zu viele Pausen	**Deutlichkeit und Sprachebene** – deutlich/undeutlich – Hochsprache/gehobene Umgangssprache/Dialekt/ sinngemäß abwechselnd
Welche Mittel setzt der Sprecher ein? Beziehe dich bei deinen Antworten auf die Angaben in der obersten Zeile.				
Welche Wirkung hat der Sprecher auf dich? Kannst du gut zuhören und verstehen? Hast du Freude am Zuhören? Begründe!				
Vergleich mit der Wirkung des Textes auf den Leser				

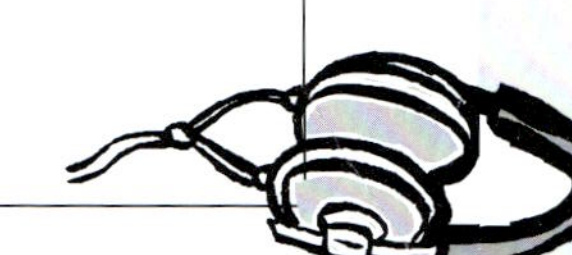

WOLFGANG HERRNDORF

tschick

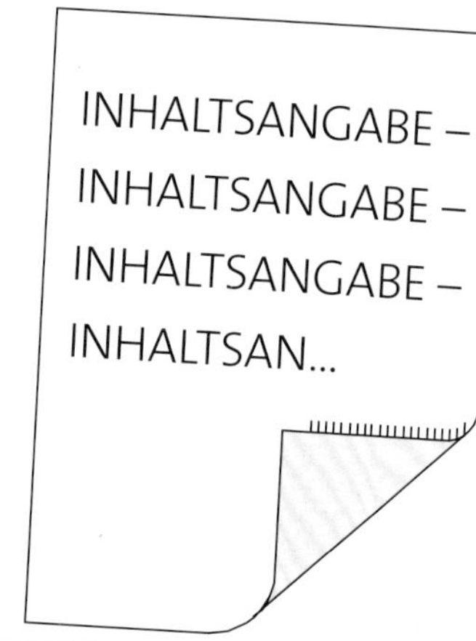

Themen:

Stationen der Reise

Maik & Tschick – eine Freundschaft

Maiks Mädchen

Grenzüberschreitungen

Erzählperspektive/Erzählstil

Sprachliche Gestaltung

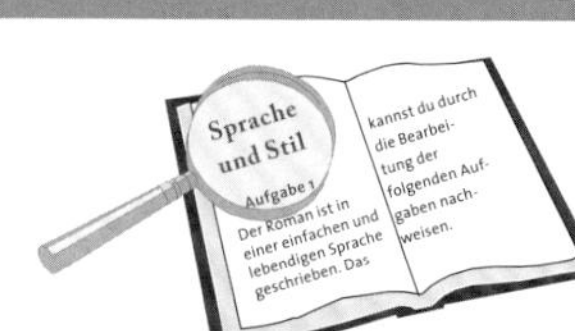

Interpretation

Kritik

© yanlev – Adobe.com

Arbeitsanweisung zum Lerntempoduett

I. Einzelarbeit

1. Lies den Text „Wolfgang Herrndorf (Biografie)“.
2. Fertige einen Stichwortzettel oder ein Schaubild an mit den Informationen, die du benötigst, um die Inhalte des Textes zu vermitteln.
3. Sobald du mit der Aufgabe fertig bist, suche dir einen Partner/eine Partnerin, die den Text „Wolfgang Herrndorf (Werke)“ bearbeitet hat.

II. Partnerarbeit

1. Erkläre deinem Partner/deiner Partnerin den Inhalt deines Textes anhand deines Stichwortzettels/deines Schaubildes.

III. Einzelarbeit

1. Lies den Text deines Partners/deiner Partnerin, ohne einen Stichwortzettel/ein Schaubild zu erstellen.
2. Suche dir anschließend einen anderen Partner/eine andere Partnerin und bearbeite Aufgabe IV.

IV. Partnerarbeit

Bearbeitet gemeinsam (ohne die Texte) folgende Aufgaben:

1. Fertigt einen Stichwortzettel mit den Informationen über Wolfgang Herrndorf an, die für euch am interessantesten sind.
2. Stellt euch vor, eure Deutschlehrerin/euer Deutschlehrer macht euch den Vorschlag, ein weiteres Werk von Wolfgang Herrndorf im Unterricht zu behandeln. Ihr lest die Klappentexte der drei angegebenen Werke und habt große Bedenken, eines dieser Bücher als Schullektüre auszuwählen.
   Verfasst einen Text, mit dem ihr eure Lehrerin/euren Lehrer überzeugen wollt, dass keines dieser Bücher wie der Jugendroman *tschick* dazu geeignet ist, im Deutschunterricht der Klassenstufe 9 behandelt zu werden.

Arbeitsanweisung zum Lerntempoduett

I. Einzelarbeit

1. Lies den Text „Wolfgang Herrndorf (Werke)“.
2. Fertige einen Stichwortzettel oder ein Schaubild an mit den Informationen, die du benötigst, um die Inhalte des Textes zu vermitteln.
3. Sobald du mit der Aufgabe fertig bist, suche dir einen Partner/eine Partnerin, die den Text „Wolfgang Herrndorf (Biografie)“ bearbeitet hat.

II. Partnerarbeit

1. Erkläre deinem Partner/deiner Partnerin den Inhalt deines Textes anhand deines Stichwortzettels/deines Schaubildes.

III. Einzelarbeit

1. Lies den Text deines Partners/deiner Partnerin, ohne einen Stichwortzettel/ein Schaubild zu erstellen.
2. Suche dir anschließend einen anderen Partner/eine andere Partnerin und bearbeite Aufgabe IV.

IV. Partnerarbeit

Bearbeitet gemeinsam (ohne die Texte) folgende Aufgaben:

1. Fertigt einen Stichwortzettel mit den Informationen über Wolfgang Herrndorf an, die für euch am interessantesten sind.
2. Stellt euch vor, eure Deutschlehrerin/euer Deutschlehrer macht euch den Vorschlag, ein weiteres Werk von Wolfgang Herrndorf im Unterricht zu behandeln. Ihr lest die Klappentexte der drei angegebenen Werke und habt große Bedenken, eines dieser Bücher als Schullektüre auszuwählen.
   Verfasst einen Text, mit dem ihr eure Lehrerin/euren Lehrer überzeugen wollt, dass keines dieser Bücher wie der Jugendroman *tschick* dazu geeignet ist, im Deutschunterricht der Klassenstufe 9 behandelt zu werden.

Wolfgang Herrndorf

© Mathias Mainholz

1965 wurde Wolfgang Herrndorf in Hamburg geboren.
Wie er selbst sagt, wuchs er in einem kleinbürgerlichen Milieu auf, in dem er mit Literatur und Kunst wenig in Berührung kam. Es wurde zwar gelesen, aber die Literaturszene sowie die Entdeckung von Museen blieb ihm verschlossen bis ins Erwachsenenalter.
Nach seinem Schulabschluss begann er ein Kunststudium (Malerei) in Nürnberg. Als er sein Studium beendet hatte, zog er nach Berlin. Dort arbeitete er zuerst als Illustrator. Er zeichnete für das Satiremagazin „Titanic“ und gestaltete Titelbilder für Haffmanns Verlag.
Er schrieb als Hobby-Autor und kam 2002 durch seine Arbeit beim Verlag eher zufällig zu seiner ersten Veröffentlichung, dem Roman *In Plüschgewittern.* Dieses Erstlingswerk wurde von der Kritik positiv aufgenommen. Danach arbeitete er als Schriftsteller, Maler und Illustrator.
Wolfgang Herrndorf schrieb regelmäßig im Internetforum „Wir höflichen Paparazzi“. Dieses deutschsprachige Internetforum ist eine 1999 gegründete Website, ein gemeinsames Schreibprojekt, in dem Berichte von zufälligen Begegnungen mit Prominenten gesammelt und veröffentlicht werden. Auch am Weblog „Riesenmaschine“ beteiligte sich Wolfgang Herrndorf mit Beiträgen. Hier werden seit 2005 Entwicklungen und Erfindungen auf verschiedenen Gebieten kommentiert: Entwicklungen in Wissenschaft und Kultur, gesellschaftliche Trends und neue Produkte.
2004 nahm er am „Ingeborg-Bachmann-Preis“ teil und gewann den Kelag-Publikumspreis. 2008 folgte der erstmals vergebene „Deutsche Erzählerpreis“. Sein Jugendroman *tschick* wurde 2011 für den Preis der Leipziger Buchmesse nominiert, 2012 erhielt er ihn für seinen Roman *Sand. tschick* wurde 2011 mit dem Clemens-Brentano-Preis und dem Deutschen Jugendliteraturpreis ausgezeichnet. Seine Arbeit verlagerte sich immer mehr auf das Schreiben.
In der Literatur sah er die Möglichkeit: *„dass man teilhat an einem Dasein und an Menschen und am Bewusstsein von Menschen, an etwas, worüber man sonst im Leben etwas zu erfahren nicht viel Gelegenheit hat.“*
Ab September 2010 veröffentlichte der Schriftsteller nach der Diagnose eines Glioblastoms* seinen Blog „Arbeit und Struktur“. In seiner ihm eigenen traurigen, komischen und poetischen Art schilderte er darin seinen Kampf gegen den Krebs (Das Ding im Kopf). Schon der Titel „Arbeit und Struktur“ weist darauf hin, dass Wolfgang Herrndorf seinen Kampf gegen den Krebs mit Disziplin, Kreativität und Klugheit aufgenommen hatte.
Als er nicht mehr schreiben und kaum mehr sprechen konnte, tötete er sich am 26. August 2013 selbst. Sein Blog erschien im Dezember 2013 als Buch.

(Zitat siehe http://www.faz.net/aktuell/feuilleton/buecher/autoren/im-gespraech-wolfgang-herrndorf-wann-hat-es-tschick-gemacht-herr-herrndorf-1576165.html)

* bösartiger, hirneigener Tumor

Wolfgang Herrndorf: Werke

Wolfgang Herrndorf:
In Plüschgewittern. Roman.
© Rowohlt Verlag

Dies ist die Geschichte eines Mannes um die dreißig, der auf dem Weg aus der westdeutschen Provinz in die Szenenquartiere der Hauptstadt wenig tut, aber viel mitmacht. Der seine Umwelt beobachtet, sie bissig kommentiert und im Übrigen an sich und der Welt leidet. So einer passt nach Berlin, denn Berlin heißt endloses Gerede, viel Durst, vager Durchblick, kein Plan. Keine Arbeit sowieso, dafür ab und zu Altbau-partys, bei denen auch schon mal jemand vom Dach fällt. Doch dann widerfährt unserem Helden ein Missgeschick: Er verliebt sich. Leider nicht in ein blondes Sonnenscheinchen. Eher im Gegenteil.

Wolfgang Herrndorf:
Diesseits des Van-Allen-Gürtels.
Erzählungen.
© Rowohlt Verlag

Die Zwangsbekanntschaft zweier Kunstakademiestudenten wächst sich zu einer uneingestandenen Dreiecksgeschichte aus, die auf der Brenner-Autobahn zu einem unrühmlichen Abschluss kommt. Ein Krankenpfleger setzt sich mit dem Geld eines Patienten nach Asien ab und endet in der Polizeistation eines japanischen Fischerdorfes. Ein Mittdreißiger und ein verzogener Halbstarker unterhalten sich auf einem einsamen Balkon über den Kosmos.

Wolfgang Herrndorf:
Sand. Roman.
© Rowohlt Verlag

Während in München Palästinenser des „Schwarzen September" das olympische Dorf überfallen, geschehen in der Sahara mysteriöse Dinge. In einer Hippie-Kommune werden viele Menschen ermordet, ein Geldkoffer verschwindet, und ein unterbelichteter Kommissar versucht sich an der Aufklärung des Falles. Ein verwirrter Atomspion, eine platinblonde Amerikanerin, ein Mann ohne Gedächtnis – Nordafrika 1972.

1. Recherchiere im Internet unter
   http://www.lovelybooks.de/autor/Wolfgang-Herrndorf/
   http://de.wikipedia.org/wiki/Wolfgang_Herrndorf
   nach Informationen über den Autor Wolfgang Herrndorf.
2. Erstelle anschließend eine Mindmap zu den Informationen, die du über den Autor gefunden hast und präge dir diese ein!
3. Fülle anschließend den Lückentext „Wolfgang Herrndorf (Leben und Werke)" aus.

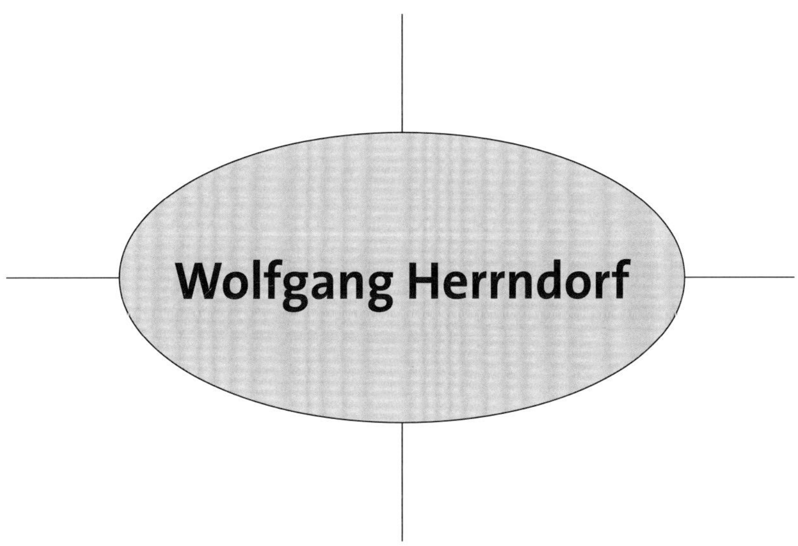

Wolfgang Herrndorf (Leben und Werke)

1965 wurde Wolfgang Herrndorf in ________________ geboren.

Nach seinem Schulabschluss begann er ein Kunststudium (Malerei) in ________________. Als er sein Studium beendet hatte, zog er nach ________________. Dort arbeitete er zuerst als ________________.

Er zeichnete für die ________________ „Titanic" und gestaltete Titelbilder für Haffmanns Verlag.

Er schrieb als Hobby-Autor und kam 2002 durch seine Arbeit beim Verlag eher zufällig zu seiner ersten Veröffentlichung, dem Roman „________________". Dieses Erstlingswerk wurde von der Kritik positiv aufgenommen. Danach arbeitete er als Schriftsteller, Maler und Illustrator. 2007 kam ________________________ heraus – eine Reihe von zusammengehörenden Geschichten. 2004 nahm er am „Ingeborg-Bachmann-Preis" teil und gewann den Kelag-Publikumspreis. 2008 folgte der erstmals vergebene „Deutsche Erzählerpreis".

Sein Jugendroman ________________ wurde 2011 für den Preis der Leipziger Buchmesse nominiert, 2012 erhielt er ihn für seinen Roman *Sand*. *tschick* wurde 2011 mit dem Clemens-Brentano-Preis und dem Deutschen ______________________________ ausgezeichnet.

Wolfgang Herrndorf schrieb regelmäßig im Internetforum „______________________________".

Dieses deutschsprachige Internetforum ist eine 1999 gegründete Website, ein gemeinsames Schreibprojekt, in dem Berichte von zufälligen Begegnungen mit Prominenten gesammelt und veröffentlicht werden. Auch am Weblog „____________________" beteiligte sich Wolfgang Herrndorf mit Beiträgen. Hier werden seit 2005 Entwicklungen und Erfindungen auf verschiedenen Gebieten kommentiert: Entwicklungen in Wissenschaft und Kultur, gesellschaftliche Trends und neue Produkte.

Seine Arbeit verlagerte sich immer mehr auf das ________________. In der Literatur sah er die Möglichkeit: *„dass man teilhat an einem Dasein und an Menschen und am Bewusstsein von Menschen, an etwas, worüber man sonst im Leben etwas zu erfahren nicht viel Gelegenheit hat."*

Ab September 2010 veröffentlichte der Schriftsteller nach der ________________ eines Glioblastoms* seinen ____________ „Arbeit und Struktur". In seiner ihm eigenen traurigen, komischen und poetischen Art schilderte er darin seinen Kampf gegen den Krebs (Das Ding im Kopf). Schon der Titel „Arbeit und Struktur" weist darauf hin, dass Wolfgang Herrndorf seinen ____________ gegen den Krebs mit Disziplin, Kreativität und Klugheit aufgenommen hatte.

Als er nicht mehr schreiben und kaum mehr sprechen konnte, tötete er sich am 26. August 2013 selbst.

Sein Blog erschien im Dezember 2013 als Buch.

(Zitat siehe http://www.faz.net/aktuell/feuilleton/buecher/autoren/im-gespraech-wolfgang-herrndorf-wann-hat-es-tschick-gemacht-herr-herrndorf-1576165.html

* bösartiger, hirneigener Tumor

© Wordsworth Editions

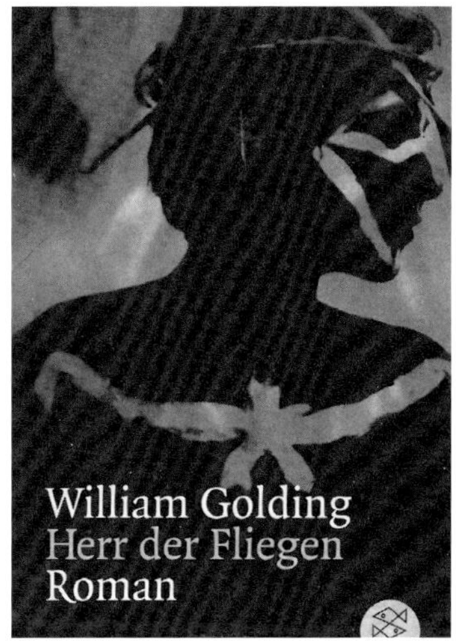

© Fischer Verlag

© Reclam Verlag

<table>
<tr>
<td>Tom Sawyer und Huckleberry Finn leben in St. Petersburg am Mississippi. Huck Finn lebt, von seinem Vater verlassen, in einer Tonne am Stadtrand. Tom, stadtbekannter Raufbold, lebt bei seiner strengen Tante Polly und seinem Bruder Sid, der ein Streber und Petzer ist. Die beiden erleben zusammen viele abenteuerliche Dinge: als wilde Piraten auf einer Insel, als Räuber für die Armen und als Schatzsucher. Sie geraten in brenzlige Situationen, in denen es um Mord und Entführung geht und handeln sich Feinde ein. So begeben sich die beiden auf eine Reise, mit einem Floß den Mississippi entlang in Richtung Norden. Sie wollen bis nach Kanada. Auf dieser Fahrt überstehen sie zahlreiche Abenteuer.</td>
<td>Eine Gruppe englischer Schüler wird durch einen Flugzeugabsturz auf ein Korallenriff im Pazifik verschlagen. Völlig auf sich allein gestellt auf der unbewohnten Insel erkunden die Jungen das Gelände und stellen Regeln für das Zusammenleben auf. Um wilde Tiere abzuhalten und Schiffe auf sich aufmerksam zu machen, soll ein bewachtes Feuer entfacht werden. Doch die Gemeinschaft fällt auseinander. Es stehen sich die Gruppe der Jäger und die Jungen, die sich um das Feuer sorgen, gegenüber. Wilde Kämpfe führen zu Verletzungen und sogar zum Tod eines Jungen. Diese Kämpfe enden mit dem Erscheinen eines Marineoffiziers, der die Jungen in ihre Heimat zurückbringt.</td>
<td>Der 16-jährige Holden Caulfield ist kurz davor, mal wieder von der Schule zu fliegen. Weil ihn nichts mehr in der Schule hält, flieht er schon vor Beginn der Weihnachtsferien aus dem College. Da er aber noch nicht nach Hause kann, wird daraus eine Reise von drei Tagen durch die „Große Stadt“ (New York). Weil niemand da ist, an den er sich wenden kann, wird diese Reise dann zu einer panischen Suche nach Leuten, mit denen er reden kann. Aber er zieht sich immer wieder zurück. Für seine Verwirrung, Sehnsucht und Einsamkeit kennt diese Gesellschaft am Schluss nur den Psychologen als Heilmittel. Der Autor setzt sich in diesem Buch mit der Welt der Erwachsenen auseinander.</td>
</tr>
</table>

1. Vergleiche diese Romane mit *tschick*, indem du die Tabelle vervollständigst
2. Nenne die deiner Meinung nach größte Gemeinsamkeit und den größten Unterschied zu *tschick*.

Handlung				
Figuren/ Charakter				
Beziehungen				
Anlass des „Aufbruchs“				
Ausgang der Geschichte				

Als Außenseiter bezeichnet man jemanden, der in einer Gruppe nicht akzeptiert und integriert ist. Ein Außenseiter verhält sich nicht so, wie die Gruppe es als angemessen ansieht und erwartet. Ein Kennzeichen von Außenseitern ist, dass sie sich oft in einem oder mehreren Merkmalen von den übrigen Gruppenmitgliedern unterscheiden. Das kann in einer anderen Hautfarbe, einer Behinderung, einer zu hohen oder zu niedrigen Intelligenz liegen, aber auch an Verhaltensauffälligkeiten wie Schüchternheit oder Aggressivität.

In der Klassengemeinschaft macht sich ein Jugendlicher möglicherweise zum Außenseiter, wenn er kein Interesse an der Markenkleidung hat, die zurzeit im Trend ist. Auch die Gestaltung der Freizeit kann eine Schülerin/einen Schüler ausgrenzen. Gehören zum Beispiel Sport und Computerspiele zu den beliebtesten Freizeitbeschäftigungen, so hat eine Leseratte schlechte Karten.

Im Zusammenhang mit den bestimmten Merkmalen, die Außenseiter charakterisieren, kann man zwei Haupttypen von Außenseitern unterscheiden:

- die aggressiv-antisozialen Außenseiter (zum Beispiel: Klassenclown oder Raufbold)
- die introvertiert-schüchternen Außenseiter (zum Beispiel Leistungsschwache oder Hochbegabte, die häufig als Streber angesehen werden)

Das Gefühl, ein Außenseiter zu sein, führt häufig zu Problemen mit dem Selbstwertgefühl, die sich naturgemäß steigern, wenn der Betreffende zusätzlich den Hänseleien seiner Klassenkameraden ausgesetzt ist und von ihnen gedemütigt wird. Mobbing konzentriert sich in der Schule auf Mitschüler, die nicht der „Norm“ entsprechen und ausgegrenzt werden.

Außenseiter schämen sich oft für ihre Rolle, weil sie glauben, dass etwas mit ihnen nicht in Ordnung sei. Sie versuchen ihre problematische Situation zu verdecken, sodass die Lehrer nicht darauf aufmerksam werden und das Elternhaus nicht informieren können.

Depressive Zustände können die Folgen sein, in Extremfällen sogar Suizidgefahr. Eine Langzeitstudie (Universität Stockholm), die die Entwicklung von über 14.000 Schülern des Jahrgangs 1953 von 1966 bis zum Jahre 2003 verfolgte, ergab, dass sozial isolierte Jugendliche eine erhöhte Anfälligkeit an körperlichen und seelischen Krankheiten sowie Verhaltensauffälligkeiten im späteren Leben zeigen.

1. Richtig oder falsch? Kreuze an.

	richtig	falsch
Ein Außenseiter ist in einer Gruppe nicht akzeptiert und integriert.		
Ein Außenseiter unterscheidet sich immer durch mehrere Merkmale von der Gruppe.		
Schüler, die kein Interesse an den Freizeitgestaltungen der Mitschüler haben, können sich dadurch ausgrenzen.		
Es gibt Außenseiter, die sich aggressiv verhalten und solche, die introvertiert sind.		
Schüler mit einer geringen Intelligenz gehören zwangsläufig zu den Außenseitern.		

2. Vervollständige die folgenden Teilsätze dem Inhalt des Textes entsprechend.

a) Durch Hänseleien und Demütigungen

______

______

b) Außenseiter schämen sich oft und versuchen

______

______

c) Folgen der problematischen Situation von Außenseitern können sein:

______

______

d) Eine Studie aus Stockholm hat ergeben, dass bei

______

______

3. Erkläre, warum sehr gute Schüler in die Außenseiterrolle geraten können.

______

______

______

______

4. Welche Schülerinnen/Schüler geraten nicht in die Gefahr, Außenseiter zu werden? Begründe deine Antwort.

5. Welche Gedanken und Gefühle könnte ein Außenseiter haben? Schreibe dein Ergebnis in die Gedankenblase. Schreibe in der Ich-Form.

Der Begriff „Jugendkriminalität" umfasst in der Bundesrepublik Deutschland alle Straftaten von registrierten Tatverdächtigen im Alter von 8 bis 21 Jahren. Das deutsche Jugendstrafrecht schreibt vor, dass sich Jugendliche, die zur Tatzeit unter 14 Jahren sind, strafrechtlich nicht verantworten müssen (Strafunmündigkeit). Personen, die zwischen 18 und 21 Jahre alt sind, können nach Erwachsenenstrafrecht als auch nach dem Jugendstrafrecht behandelt werden.

Als tatverdächtig gilt eine Person, wenn sie nach den Ergebnissen polizeilicher Ermittlung ausreichend verdächtig ist. Erst nach einem rechtskräftigen Gerichtsurteil ist eine verdächtige Person der Tat überführt. So kann erst nach dem Richterspruch über einen Jugendlichen von Jugendkriminalität gesprochen werden.

Unter den Jugendstraftaten fallen folgende Delikte besonders auf:

- Diebstähle (vor allem Laden-, Fahrrad- und Kraftraddiebstähle)
- Raubdelikte (Handtaschen)
- Körperverletzungen
- Verstöße gegen das Betäubungsmittelgesetz
- Sachbeschädigung (z. B. Graffiti)

Bei den Ladendiebstählen kann man von einer hohen Dunkelziffer ausgehen.

Die Kriminologie* macht nach heutigem Wissensstand mehrere Ursachen für die Kriminalität von Jugendlichen verantwortlich: z. B. Persönlichkeit des Jugendlichen, soziales Umfeld, gestörtes Sozialverhalten, Leistungsdruck und fehlende Zukunftsperspektive. Das Zusammentreffen mehrerer Faktoren, die sich gegenseitig beeinflussen, spielt sicher eine große Rolle.

Besonders in der Zeit, in der sich Jugendliche von den Erwachsenen absetzen und ihre eigene Persönlichkeit entwickeln, geraten sie in Konflikt mit den Normen und Gesetzen der Gesellschaft. Doch das heißt nicht, dass sie gleich auf eine kriminelle Karriere zusteuern. Ausdrücklich muss davor gewarnt werden, Jugendkriminalität in einen ursächlichen Zusammenhang zu bringen mit Migration.

Das Ausmaß von Jugendkriminalität in der Bundesrepublik Deutschland lässt sich statistisch nicht exakt erfassen. Daher greift die Wissenschaft zu weiteren Methoden. Die sogenannten Dunkelfeldstudien (Täter- und Opferbefragungen) liefern zusätzliche Ergebnisse.

Nur ein kleiner Teil (drei bis fünf Prozent) von jugendlichen Tätern, vor allem Jungen, gehört zu der Gruppe der Mehrfachtäter.

In dem 2010 erschienenen Bestseller-Buch der Berliner Richterin Kirsten Heisig „Das Ende der Geduld" behandelt die Autorin die Problematik von Jugendlichen, die mit dem Gesetz in Konflikt geraten. Sie kommt zu dem Ergebnis, dass Jugendkriminalität im Zusammenhang mit vielen Faktoren zu sehen ist:

- Jugendgewalt
- Schulversagen
- Problemviertel (Gettobildung – soziale Brennpunkte)
- Trägheit der Justiz
- Versäumnisse von Schulen und Jugendämtern
- Versagen der Familie

* Lehre von den Verbrechen

1. Diese Fragen kannst du mithilfe von Informationen, die an einzelnen Stellen im Text stehen, beantworten.

a) Wie geht das Strafrecht mit jugendlichen Tätern zwischen 18 und 21 um?

b) In welcher Lebenszeit geraten Jugendliche vor allem in Konflikt mit dem Gesetz?

2. Diese Fragen kannst du mithilfe von Informationen, die im Text an verschiedenen Stellen zu finden sind, beantworten.

a) Welche Ursachen für Jugendkriminalität werden genannt?

b) Was ist über das Ausmaß von Jugendkriminalität und Mehrfachtäterschaft zu sagen?

3. Diese Fragen kannst du mithilfe von Textinformationen und deinem eigenen Wissen beantworten.

a) Als Ursache für Jugendkriminalität wird unter anderem das soziale Umfeld genannt.
Was ist darunter zu verstehen?

b) Als weitere Ursache für Jugendkriminalität wird ein gestörtes Sozialverhalten genannt. Was ist darunter zu verstehen?

4. Diese Fragen kannst du beantworten, wenn du zu den Aussagen Stellung nimmst.

a) Sollte das Alter für Strafmündigkeit herabgesetzt werden? Begründe.

b) Welche der angegebenen Ursachen hältst du für besonders wichtig? Begründe.

Thema/Problemstellung:

____

____

Antwort Gruppe I:

Antwort Gruppe II:

Antwort Gruppe III:

Antwort Gruppe IV:

Optimale Problemlösung:

Aus vielen Texten, Schaubildern und Bildern kannst du Informationen entnehmen und dadurch dein Wissen erweitern. Dazu musst du:

- den Text lesen, die Schaubilder und Bilder genau ansehen,
- alle wichtigen Informationen stichwortartig herausschreiben,
- die Informationen übersichtlich gliedern,
- dir die Informationen einprägen.

Gehe bei der Bearbeitung dieser Aufgaben folgendermaßen vor:

1. a) Lies den Informationstext „Alkohol: Anlässe, Konsumverhalten, Wirkungen, Folgen" ② zweimal.
   b) Kläre alle unbekannten Wörter mithilfe des Lexikons, deiner Lehrerin/deinem Lehrer oder deinen Mitschülern.

2. Vervollständige anschließend den Lückentext ③ (möglichst ohne noch einmal im Informationstext nachzusehen).

3. a) Schau dir die Bilder, die Grafik und die Tabelle ④ genau an.
   b) Beantworte die dazugehörigen Fragen ⑤.

4. Vervollständige die Tabelle ⑤ stichwortartig. Füge in die entsprechenden Textfelder teilweise eigene Beispiele hinzu. Informiere dich im Internet, in der Fachliteratur und/oder bei Fachlehrern.

5. Verfasse mithilfe der Informationen in dem Schaubild einen zusammenhängenden Text über das Thema „Alkohol: Anlässe, Konsumverhalten, Wirkungen, Folgen".

6. a) Schreibe die fett gedruckten Überschriften der Tabelle als Stichwortzettel untereinander.
   b) Prüfe mithilfe dieses Stichwortzettels, welche Informationen du noch im Gedächtnis hast. Wiederhole dazu in Gedanken oder durch halblautes Sprechen alle Informationen, die zu den Überschriften gehören.

Alkohol: Anlässe, Konsumverhalten, Wirkungen, Folgen

Unmittelbar nach dem Trinken gelangt der Alkohol über die Schleimhäute von Magen und Dünndarm ins Blut, von wo aus er innerhalb von 30 bis 60 Minuten die letzte Körperzelle erreicht. Deshalb ist es auch möglich, dass der Alkohol schon wenige Minuten nach dem ersten Schluck „in den Kopf steigt". Bei einem vollen Magen wird entgegen der oft gehörten Volksmeinung die Aufnahme des Alkohols ins Blut nur geringfügig verzögert. Nach den ersten 30 bis 60 Minuten ist deshalb die höchste Blutalkoholkonzentration erreicht.

© StockSnap - pixabay.com

Alkohol beeinflusst vor allem die Informationsübertragung der Nervenzellen, und zwar in geringer Dosis stimulierend, bei höherer Dosis jedoch hemmend und betäubend. Demzufolge werden vor allem die unterschiedlichen Gehirnregionen in Mitleidenschaft gezogen, die das Bewusstsein und die Gefühle steuern. Ursachen hierfür sind Störungen des Abbaus von Neurotransmittern, die normalerweise die Erregungsübertragung von Nervenzelle zu Nervenzelle vermitteln.[1]

Die Wirkung des Alkohols verändert sich mit dem Anstieg des Promillegehalts im Körper. Ab 0,2 Promille fühlt man sich entspannt und angeregt, freier als gewöhnlich. Heiterkeit und eine angenehme Wärme tragen zum Wohlbefinden bei. Aber schon bei diesem Promillegehalt sind Warnzeichen gegeben:

- Sinken des Widerstandes gegen weiteren Alkoholkonsum
- Nachlassen von Sehfähigkeit, Konzentrationsvermögen und Bewegungskoordination
- Schwächung von Gehör- und Geruchssinn

Ab 0,5 Promille sind ein drastisches Sinken des Reaktionsvermögens und ein Ansteigen der Risikobereitschaft zu verzeichnen.

Von einer akuten Alkoholvergiftung, einem Rauschstadium, kann man bei einem Alkoholgehalt ab 1,5 Promille sprechen. Dieser Zustand ist gekennzeichnet von einer heiteren oder auch depressiven Stimmung. Gleichgewichts- und Sprachstörungen sind charakteristisch für diesen Zustand. Ab 2,5 Promille ist das Betäubungsstadium erreicht, Störungen des Gedächtnisses und der Orientierung setzen ein, ab 3,5 Promille ist das Stadium einer schweren Alkoholvergiftung erreicht.[2]

Je früher ein Jugendlicher mit Alkohol in Berührung kommt, also Alkohol konsumiert, desto größer ist die Gefahr, ein süchtiges Verhalten im Umgang mit Alkohol zu entwickeln. Als legale Droge impliziert sie bei vielen Jugendlichen eine gewisse Harmlosigkeit, die absolut trügerisch ist.[3] Der Alkoholkonsum verfestigt sich bei 16- bis 17-Jährigen soweit, dass ein Drittel regelmäßig trinkt, also mindestens einmal pro Woche.[4]

1 Vgl. BZgA Köln, Unterrichtsmaterial „Alkohol", Materialbogen 25.1 (2), S. 150.
2 Vgl. s. o.
3 Vgl. Cornelia Zenner/Günter Krapp: *SUCHT-Verhalten. Abhängigkeiten im Alltag.* Lehrerheft. Krapp & Gutknecht 2011, S. 23.
4 Vgl. BZgA 2009

Vervollständige den Lückentext.

Alkohol: Anlässe, Konsumverhalten, Wirkungen, Folgen

Schon wenige ____________ nach dem ersten Schluck steigt der Alkohol in den ____________, weil er unmittelbar nach dem Trinken über die Magenschleimhäute und den Dünndarm ins ____________ gelangt. Die höchste Blutalkoholkonzentration ist nach ____________ bis ____________ Minuten erreicht, da der Alkohol innerhalb dieser Zeit bis in die letzte ____________ vordringt. Vor allem die ____________ der Nervenzellen wird durch den Alkohol beeinträchtigt. Bei geringer Dosis wirkt der Alkohol ____________, bei höherer Dosis hemmend und ____________. Mit dem Anstieg des Promillegehaltes im Körper verändert sich die ____________ des Alkohols von einem Gefühl der ____________, Heiterkeit und angenehmen Wärme (0,2 Promille) über das Nachlassen von Seh-, ____________- und Geruchssinn, ____________ und Bewegungskoordination (ab 0, 5 Promille) zur Alkoholvergiftung (ab 1, 5 Promille). In diesem Zustand sind ____________ oder depressive Stimmungen, Gleichgewichts- und Sprachstörungen zu verzeichnen. Eine schwere Alkoholvergiftung (ab 3,5 Promille) ist charakterisiert durch Störungen des ____________, und der ____________ und durch das Betäubungsstadium.

Die Gefahr, ____________ zu werden, ist umso größer, je ____________ ein Jugendlicher mit dem Alkoholkonsum beginnt. Diese Gefahr wird noch erhöht durch den ____________ mit Alkohol in unserer Gesellschaft, der eine gewisse ____________ dieser ____________ Droge vortäuscht.

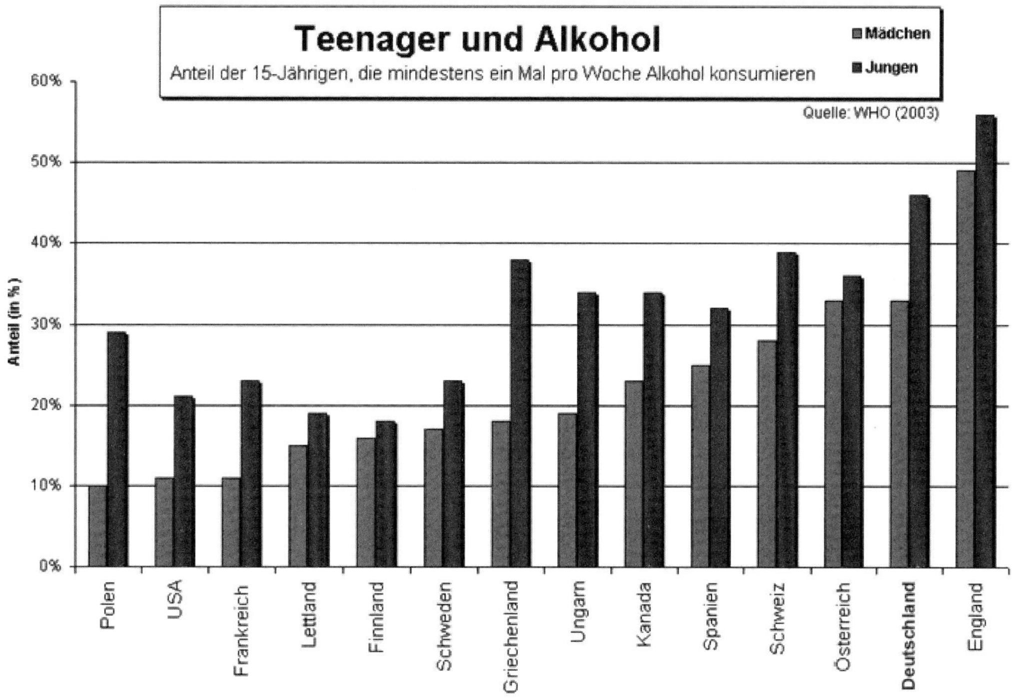
Teenager und Alkohol
Anteil der 15-Jährigen, die mindestens ein Mal pro Woche Alkohol konsumieren
Mädchen
Jungen
Quelle: WHO (2003)
Anteil (in %)
60%
50%
40%
30%
20%
10%
0%
Polen
USA
Frankreich
Lettland
Finnland
Schweden
Griechenland
Ungarn
Kanada
Spanien
Schweiz
Österreich
Deutschland
England

Beantworte folgende Fragen und schreibe deine Ergebnisse auf die Linien.

1. Welche Stelle nimmt die Bundesrepublik Deutschland im Vergleich mit anderen europäischen Ländern ein, was den Alkoholkonsum von Jugendlichen betrifft?

____

____

2. Zu welchen Gelegenheiten trinken Jugendliche Alkohol?

____

____

3. Welche Rolle spielen Einkaufszentren und Werbung für den Alkoholkonsum von Jugendlichen?

____

____

Anlässe	Umgang mit Alkohol in der Gesellschaft	Wirkungen

Deine Schule plant ein Projekt zum Thema „Jugend und Alkohol“. Verfasse dazu ein Informationsblatt (Informationsblätter) über das Thema Rauschtrinken und halte mithilfe dieses Flyers einen kurzen Vortrag darüber. Du sollst deine Mitschüler und Mitschülerinnen über das Verhalten der jugendlichen Trinker und die damit verbundenen Gefahren informieren und dadurch dazu anregen, ihren Umgang mit ihm zu überdenken und gegebenenfalls zu verändern. Informationen findest du im Text „‚Binge drinking‘ – Rauschtrinken bei Jugendlichen ungeheuer populär“ ②. Gehe folgendermaßen vor:

1. Mache dir vorab die Aufgabenstellung klar, indem du jeweils die richtigen Verben auf die Linien schreibst. Zur Erledigung dieser Aufgabenstellung muss ich
   - den Text genau ______________________________.
   - Informationen ______________________________.
   - mithilfe dieser Angaben ein Informationsblatt ______________________________.
   - mithilfe des Informationsblattes einen ______________________________.

2. a) Lies nun den Text „Binge drinking“ ②.
   b) Gib jedem Abschnitt eine Überschrift, die das Thema nennt, und schreibe diese auf die Linie darüber.
   c) Schreibe zu jeder Überschrift Stichwörter mit den wichtigsten Angaben heraus.

3. Schreibe alle Informationen aus dem Text in die entsprechenden Spalten der Tabelle ③.

4. Bestimme die Reihenfolge der Informationen für deinen Text. Nummeriere dazu die entsprechenden Angaben in der Tabelle. Denke daran, dass du deine Mitschülerinnen und Mitschüler ausreichend und verständlich informieren sollst, damit sie einsehen, wie schädlich Alkoholkonsum ist.

5. Welche Informationen sind für deine Aufgabenstellung unnötig? Streiche sie durch.

6. Fertige dir einen Stichwortzettel für dein Informationsblatt an. Ordne deine Informationen in der in Punkt 4 festgelegten Reihenfolge an.

7. a) Verfasse den Text für dein Informationsblatt (Block), lies ihn anschließend genau und korrigiere, wenn nötig, deine Fehler.
   b) Schreibe deinen Text ab.

8. Halte mithilfe des Stichwortzettels oder Flyers einen kurzen Vortrag.

„Binge drinking“ – Rauschtrinken bei Jugendlichen ungeheuer populär*

1. ______________________________

Die Briten nennen das exzessive Trinkverhalten „binge drinking“, und auch hierzulande ist Rauschtrinken weit verbreitet. Auch wenn Jugendliche seit jeher mit Alkohol experimentiert haben, so haben wir es derzeit mit einer neuen Qualität in der Entwicklung zu tun.

2. ______________________________

Während das Gros der jungen Menschen sich verantwortungsbewusst beim Alkoholtrinken verhält, gibt es eine kleine Gruppe von Jugendlichen, die es gezielt darauf absieht, möglichst schnell möglichst stark betrunken zu werden. Das Phänomen ist europaweit zu beobachten und könnte Teil einer sich derzeit ausbreitenden Jugendkultur werden.

3. ______________________________

Etwa jeder dritte Jugendliche zwischen 16 und 17 Jahren in Deutschland betrinkt sich wenigstens einmal im Monat mit mindestens fünf oder mehr Gläsern Alkohol. Die Auswirkungen sind massiv. Die Zahl der Jugendlichen, die mit einer Alkoholvergiftung ins Krankenhaus eingeliefert werden, ist hoch. Nach einer Studie hat sich die Zahl seit 1990 mehr als verfünffacht und zwischen 2001 und 2007 verdoppelt. Nachdem im Jahr 2012 der Höhepunkt von 26.673 erreicht worden war, sanken die Zahlen jährlich. 2016 kam es wieder zu einem leichten Anstieg auf 22.309.

4. ______________________________

Wer früh anfängt viel zu trinken, muss später mit schwerwiegenden Konsequenzen rechnen, wie eine englische Längsschnittstudie über eine Gruppe von 11 000 Teenagern zeigt. Die Studienteilnehmer, die 1986 regelmäßig mehr als vier hochprozentige Getränke pro Abend tranken, hatten als 30-jährige Erwachsene mit den Folgen zu kämpfen. Ihr Risiko, alkoholabhängig zu sein, lag um zwei Drittel höher als bei den ehemals weniger trinkenden Teilnehmern; Drogenmissbrauch war um 40 Prozent stärker verbreitet. Weiterhin zeigten sich negative Auswirkungen auf die Schul- und Berufsausbildung und dies unabhängig von ihrem sozialen Status als 16-Jährige.

5. ______________________________

Rauschtrinken ist auch ein Gruppen-Phänomen. Erhöhter Alkoholkonsum wird zur Statusfrage innerhalb der Gruppe und gemeinsame Rauscherlebnisse können als verbindendes Element fungieren.

6. ______________________________

Warum ist „Binge-Drinking“ so gefährlich?
Alkohol ist ein Zellgift und wirkt auch schon bei einmaligem Konsum in den Nervenzellen. Natürlich tritt eine nachhaltige Schädigung nicht bei kleinsten Mengen ein, aber es besteht die Gefahr, dass man die kleinen Mengen öfter konsumiert. Selbst wenn man nur jede Woche einmal Alkohol trinkt, wird es zu einer gewissen Gewohnheit. Auch der Körper gewöhnt sich an die eingenommenen Alkoholmengen. Daher gibt es also generell keinen Alkoholkonsum ohne Risiko. Beim „Binge-Drinking“ potenziert sich nun das Risiko. Es wird oft bis zur Alkoholvergiftung getrunken.

---

* Vgl. BZgA Köln, Alkoholspiegel, Oktober 2009, www.bzga.de
Vgl. Cornelia Zenner/Günter Krapp: *SUCHT-Verhalten. Abhängigkeiten im Alltag.* Lehrerheft. Krapp & Gutknecht 2011, S. 25.
Vgl. BZgA: Der Alkoholkonsum Jugendlicher und junger Erwachsener in Deutschland 2018, https://www.bzga.de/forschung/studien/abgeschlossene-studien/studien-ab-1997/suchtpraevention/der-alkoholkonsum-jugendlicher-und-junger-erwachsener-in-deutschland-2018/
Vgl. https://www.zeit.de/gesellschaft/zeitgeschehen/2017-11/alkoholkonsum-jugendliche-alkoholvergiftung-komasaufen-gestiegen

7. ______________________________

Alkohol lähmt das zentrale Nervensystem und ist in hohen Dosen tödlich:

- Senkung des Blutzuckerspiegels mit der Folge eines lebensbedrohlichen Komas
- Alkohol entzieht dem Körper viel Flüssigkeit
- lebenswichtige Reflexe werden ausgeschaltet (z. B. Gefahr des Erstickens bei Erbrechen, Erfrierungsgefahr besonders im Winter)
- epileptischer Anfall (Krampfanfall)
- Atemstillstand
- plötzlicher Herztod

8. ______________________________

Für unerfahrene Trinker ist das Risiko besonders hoch, denn es dauert mindestens 30 Minuten, bis der Alkohol über den Dünndarm ins Blut gelangt. In dieser Zeitspanne kann ein „Binge-Drinker" eine hochgefährliche Dosis Alkohol zu sich nehmen, bevor er überhaupt Anzeichen von Trunkenheit verspürt oder das Bewusstsein verliert.

Die Stichwörter zu den Überschriften:

1. ______________________________
2. ______________________________
3. ______________________________
4. ______________________________
5. ______________________________
6. ______________________________
7. ______________________________
8. ______________________________

Verbreitung	Verhalten der Zielgruppe	Folgen/Spätfolgen	Gefährlichkeit

Mein Stichwortzettel

Alkohol: Suchtentwicklung – Suchtvermeidung

Deine Schule veranstaltet eine Projektwoche zu dem Thema „Alkohol: Suchtentwicklung – Suchtvermeidung“. Dein Schulleiter hält zu Beginn der Projekttage eine Rede zu diesem Thema. Du bist Mitglied der Redaktion der Schülerzeitung und sollst einen Bericht über diese Ansprache schreiben und eine Stellungnahme abgeben. Der Text der Rede liegt dir schriftlich vor.

Gehe folgendermaßen vor:

1. a) Lies den Text „Rede des Schulleiters“ ② aufmerksam.
   b) Lies den Text ein zweites Mal und gib jedem Abschnitt eine Überschrift.

2. a) Unterstreiche die Argumente/Beispiele, die zeigen, dass die Gefahr der Suchtentwicklung ernst genommen werden sollte.
   b) Schreibe die Argumente/Beispiele mit eigenen Worten in vollständigen Sätzen auf.

3. a) Unterstreiche die Aussagen, die dafürsprechen, dass es möglich ist, die Entwicklung von Suchtverhalten zu vermeiden, mit einem roten Stift.
   b) Unterstreiche die Aussagen, die dagegensprechen, dass es möglich ist, die Entwicklung von Suchtverhalten zu vermeiden, mit einem blauen Stift.

4. Überlege, ob es noch weitere Argumente gibt, die du anführen könntest. Schreibe sie in vollständigen Sätzen auf.

5. Stelle eine Gliederung für deinen Text her. Fülle dazu stichwortartig die Tabelle ③ aus.

6. a) Schreibe mithilfe der Angaben in der Tabelle deinen Text auf den Block.
   b) Lies deinen Text aufmerksam durch und korrigiere, wenn nötig, deine Fehler.

7. Schreibe den korrigierten Text in dein Heft.

Rede des Schulleiters[1]

Liebe Schülerinnen und Schüler,

zu Beginn unserer Projektwoche zu dem Thema „Alkohol – Suchtentwicklung und Suchtvermeidung" möchte ich euch davon überzeugen, dass dieses Thema aktuell und wichtig ist. Wir müssen nicht erst Informationen der Medien lesen, hören oder sehen, um diese Wichtigkeit zu erkennen. Wie ihr wisst, ist das Problem ‚Jugend und Alkohol' in Elternhäusern, Schulen, Vereinen und Jugendgruppen gegenwärtig, und leider auch an unserer Schule.

In der Hoffnung, dass Informationen und Diskussionen über die Suchtgefahr, die Bedingungen ihrer Entstehung, aber auch über Möglichkeiten, ihr entgegenzuwirken, zu einem verantwortungsbewussteren Umgang mit dieser legalen Droge führen, ist unsere Projektwoche geplant und vorbereitet worden.

In einem ersten Punkt möchte ich euch auffordern, die Gefahr der Entwicklung einer Alkoholsucht ernst zu nehmen.

Wir leben in einer Suchtgesellschaft, in der die Alkoholabhängigkeit nur eine von vielen ist. Jede Abhängigkeit beginnt mit dem „Probieren", einem ureigensten Verlangen des Menschen. Wenn nun bestimmte äußerliche und innerliche Faktoren eines Menschen zusammentreffen, kann aus dem Probieren ein wiederholtes Konsumieren, eine Gewöhnung und schließlich ein Missbrauch entstehen.[2]

Die Jugendlichen sind heute vielen Risikofaktoren ausgesetzt. Fehlendes Selbstwertgefühl und Versagensängste tragen ebenso wie Leistungs- und Gruppendruck zur Gefahr einer Suchtentstehung bei. Dazu kommen die leichte Beschaffbarkeit des Alkohols sowie ein fehlendes Risikobewusstsein im alltäglichen Umgang mit dieser legalen Droge. Projektgruppen werden sich während der Projektwoche ausführlich damit beschäftigen.

In meinem nächsten Punkt möchte ich auf die Möglichkeiten hinweisen, die dazu beitragen können, die Entstehung einer Alkoholsucht zu verhindern. Man spricht hier von Primärprävention, die lange vor einer konkreten Gefährdung einsetzt. Dabei reichen bloße Informationen über die Gefahren des Alkohols nicht aus, sind nur eine Basis. Wenn ihr euch an die Risikofaktoren erinnert, von denen ich vorhin gesprochen habe, so könnt ihr leicht einsehen, dass Jugendliche die Chance haben müssen, ein gesundes Selbstwertgefühl zu entwickeln. Dafür tragen in erster Linie die Eltern, aber auch die Erzieher und Lehrer Verantwortung. Durch Fürsorge, Verständnis und Gesprächsbereitschaft werden Heranwachsende gestärkt. Junge Menschen mit einem positiven Selbstwertgefühl haben eher die Chance, einer Suchtgefahr zu widerstehen, als Jugendliche, die mit Minderwertigkeitsgefühlen belastet sind. Eine weitere Chance bieten Hilfsprogramme, die Schüler und Auszubildende unterstützen, sodass sie dem Leistungsdruck nicht ungeschützt ausgesetzt sind und in die Versuchung kommen, ihm durch Alkoholkonsum zu entfliehen. Alle diese Punkte sind Argumente dafür, dass es möglich sein kann, Suchtentwicklung zu verhindern.

Natürlich gibt es auch Gründe, die dem Erfolg widersprechen. Mit ihnen beschäftige ich mich im letzten Punkt meiner Ansprache. Die negativen Prognosen stützen sich auf die schon genannte Risikofaktoren und führen weitere Belastungen an, denen Jugendliche heute ausgeliefert sind: Reizüberflutung, allgemeines Konsumdenken, fehlende familiäre Geborgenheit und Kommunikationsunfähigkeit. Vertreter dieser Prognosen halten einen Erfolg gegen die Alkoholsucht für nicht wahrscheinlich.

Lassen wir uns jedoch davon nicht abhalten, in unserer Projektwoche eine Chance zu sehen, im Kampf gegen den Alkohol auf dem Weg zu sein und die Hoffnung nicht aufzugeben.
In diesem Sinne wünsche ich uns allen eine gute Woche.

---

[1] Informationen aus: Cornelia Zenner/Günter Krapp: *SUCHT-Verhalten. Abhängigkeiten im Alltag.* Lehrerheft. Krapp & Gutknecht 2011.
[2] s. o. S. 17

Meine Rede

Anrede	
Thema der Rede	
Argumente für die Wichtigkeit des Themas	
Argumente, die für eine Chance der Vermeidung einer Suchtentwicklung sprechen	
Argumente, die gegen eine Chance der Vermeidung einer Suchtentwicklung sprechen	
Zusammenfassung meiner Meinung	

Fragen zum Multi-Interview

1. Warum befindet sich Maik Klingenberg auf einer Station der deutschen Autobahnpolizei?
2. Maik macht sich Gedanken darüber, dass er keinen Spitznamen hat. Zu welchem Ergebnis kommt er?

3. Wie verhält sich Tschick in der Schule?
4. Was will Maik Tatjana zu ihrem Geburtstag schenken?
5. Welche Gründe spielen eine Rolle, dass sich Maik zu Beginn der Sommerferien schlecht fühlt?
6. Wie reagiert Maik auf den gestohlenen Lada, mit dem Tschick bei ihm auftaucht?
7. Welche Schwierigkeiten haben Maik und Tschick zu Beginn ihrer Fahrt in die „Walachei" mit der Orientierung und auf der Autobahn?
8. Wie reagieren Maik und Tschick, als auf dem Parkplatz bei der Burg Polizisten auftauchen?
9. Wie finden sich Maik und Tschick nach dem Vorfall mit dem Dorfpolizisten wieder?
10. Wie kommen Maik und Tschick zu Benzin, als der Tank des Ladas leer ist?
11. Warum nehmen Maik und Tschick Isa doch mit auf ihre Reise?
12. Welches Erlebnis hat Maik mit Isa während ihres Aufenthaltes am See?
13. Was erleben Maik und Tschick in dem Geisterdorf?
14. Wie kommt es zu dem Unfall am Steilhang?
15. Wie verhält sich die Sprachtherapeutin den beiden Jungen gegenüber?
16. Wie gelingt es Maik, für Tschick eine Krankenversicherung anzugeben?
17. Wie entkommen Maik und Tschick der Krankenschwester und können das Krankenhaus verlassen?

18. Wie endet die Reise von Maik und Tschick?
19. Welche Folgen hat die Reise für die beiden Jungen, als sie wieder zu Hause sind?
20. Welche Erfahrungen macht Maik mit Tatjana, Isa und seiner Mutter am Ende der Geschichte?

Begriffskärtchen

WALACHEI	LANGWEILER	TATJANAS GEBURTSTAGS-PARTY
AUSSENSEITER TSCHICK	LADA NIVA	FREUNDSCHAFT
VERLIEBTSEIN	ERLEUCHTETES FENSTER	STERNENHIMMEL
ALKOHOL	MINDERWERTIG-KEITSGEFÜHL	FAIRNESS
GESETZES-ÜBERTRETUNGEN	ASOZIALE VERHÄLTNISSE	LEBEN UND TOD
VERSPRECHEN	GERICHTS-VERHANDLUNG	HOFFNUNG
FLUCHT	UNTER WASSER	VERSTÄNDNIS

Textauszug (S. 60–62)

„Es war der letzte Schultag, und ich war etwas nervös, weil dieser ganze Partygedanke ja immer im Raum stand, alle redeten unaufhörlich über Werder bei Potsdam, aber es hatte noch keine Einladungen gegeben, oder ich hatte keine gesehen. Und man wusste ja gar nicht, wo genau das sein sollte, so klein ist Werder ja auch wieder nicht. Ich hatte den Stadtplan längst im Kopf. Und deshalb dachte ich, dass Tatjana das am letzten Schultag irgendwie bekanntgeben würde. War aber nicht so.

Stattdessen sah ich in der Federtasche von Arndt, der zwei Reihen vor mir saß, ein kleines grünes Kärtchen. Das war in Mathe. Ich sah, wie Arndt das grüne Kärtchen Kallenbach zeigte, und Kallenbach runzelte die Stirn, und ich konnte sehen, dass in der Mitte vom grünen Kärtchen ein kleiner Straßenplan war. Und dann bemerkte ich, dass alle diese grünen Kärtchen hatten. Fast alle. Kallenbach hatte auch keins, so blöd wie er guckte, allerdings guckte er ja immer blöd. Er war ja auch blöd. Das war wahrscheinlich auch der Grund, warum er nicht eingeladen worden war. Kallenbach beugte sich tief über die Schrift, er war kurzsichtig und setzte aus irgendeinem Grund nie die Brille auf, und Arndt nahm ihm das Ding wieder weg und steckte es zurück in seine Federtasche. Wie sich später rausstellte, waren Kallenbach und ich nicht die Einzigen ohne Einladung. Der Nazi hatte auch keine, Tschichatschow nicht, und dann noch ein oder zwei. Logisch. Die größten Langweiler und Assis waren nicht eingeladen, Russen, Nazis und Idioten. Und ich musste nicht lange überlegen, was ich in Tatjanas Augen wahrscheinlich war. Weil, ich war ja weder Russe noch Nazi.

Aber sonst war praktisch die ganze Klasse eingeladen, und dann noch die halbe Parallelklasse und garantiert noch hundert Leute, und ich war nicht eingeladen.

Bis zur letzten Schulstunde und bis nach der Zeugnisverleihung hoffte ich immer noch. Ich hoffte, dass alles ein Irrtum war, dass Tatjana nach dem Klingeln auf mich zukommen und sagen würde: »Psycho, Mann, dich hab ich ja ganz vergessen! Hier ist das grüne Kärtchen! Ich hoffe, du hast Zeit, es würde mich todunglücklich machen, wenn ausgerechnet du nicht kommen könntest – und du hast hoffentlich an mein Geschenk gedacht? Ja, auf dich ist Verlass! Also, bis dann, ich freu mich wahnsinnig, dass du kommst! Fast hätte ich dich vergessen, mein Gott!« Dann klingelte es, und alle gingen nach Hause. Ich packte lange und umständlich meine Sachen zusammen, um Tatjana die letzte Gelegenheit zu geben, ihren Irrtum zu bemerken."

Wolfgang Herrndorf, *tschick*

1. Welche der folgenden Aussagen treffen auf den Textauszug zu, welche nicht? Kreuze an.

	trifft zu	trifft nicht zu
Am letzten Schultag ist Maik zunächst der Ansicht, dass Tatjana noch keine Einladungen verteilt hat.		
Außer Kallenbach und Maik sind alle zur Geburtstagsparty von Tatjana eingeladen.		
Es kommen auch Schüler aus der Parallelklasse auf die Party.		
Maik hofft bis zum Schluss, dass er doch noch eine Einladung erhält.		
Nach dem Klingeln packt Maik schnell seine Sachen zusammen und verschwindet.		

2. Welches der beiden folgenden Adjektive trifft in dieser Situation deiner Meinung nach am besten auf Maik zu? Unterstreiche das entsprechende Adjektiv und begründe deine Wahl.

hoffnungsvoll – uneinsichtig

Begründung:

3. Bestimme die Wortart des unterstrichenen Wortes.

„Das war in Mathe."

❍ Artikel ❍ Demonstrativpronomen ❍ Relativpronomen

4. Welches Satzglied fehlt bei dem folgenden Satz?

„War aber nicht so."

a) Schreibe die Bezeichnung auf die Linie. ______________________

b) Schreibe den korrigierten Satz auf die Linie.

____

5. Der Text enthält einfache Hauptsätze, Satzreihen und Satzgefüge. Weise das an den folgenden Sätzen nach, indem du den Satzbau bestimmst. Kreuze die richtigen Lösungen an.

„Und deshalb dachte ich, dass Tatjana das am letzten Schultag irgendwie bekanntgeben würde."

❍ einfacher Hauptsatz ❍ Satzreihe ❍ Satzgefüge

„Er war ja auch blöd."

❍ einfacher Hauptsatz ❍ Satzreihe ❍ Satzgefüge

„Kallenbach beugte sich tief über die Schrift, er war kurzsichtig und setzte aus irgendeinem Grund nie die Brille auf, und Arndt nahm ihm das Ding wieder weg und steckte es zurück in seine Federtasche."

❍ einfacher Hauptsatz ❍ Satzreihe ❍ Satzgefüge

6. Ersetze im folgenden Textausschnitt die unterstrichenen Wörter durch andere Wörter mit passender Bedeutung. Schreibe die neuen Wörter in die Klammern.

„Bis zur letzten Schulstunde und bis nach der Zeugnisverleihung (____________________) hoffte ich immer noch. Ich hoffte, dass alles ein Irrtum war, dass Tatjana nach dem Klingeln (____________________) auf mich zukommen und sagen würde: »Psycho, Mann, dich hab ich ja ganz vergessen! Hier ist das grüne Kärtchen! Ich hoffe, du hast Zeit, es würde mich todunglücklich (____________________) machen, wenn ausgerechnet du nicht kommen könntest – und du hast hoffentlich an mein Geschenk gedacht? Ja, auf dich ist Verlass! Also, bis dann, ich freu mich wahnsinnig (____________________), dass du kommst! Fast (____________________) hätte ich dich vergessen, mein Gott!«"

7. Ein neuer Mitschüler ist in eure Klasse gekommen. Er kennt den Roman *tschick* nicht, den ihr gerade im Unterricht besprecht. Um ihm den Einstieg zu erleichtern, fasst du den Inhalt in drei bis vier Sätzen zusammen, damit er weiß, worum es geht. Schreibe diese Zusammenfassung.

8. Maik ist sehr enttäuscht, dass er nicht eingeladen worden ist. Er überlegt, was er jetzt mit dem Geschenk machen soll. Um sich darüber klar zu werden, schreibt er seine Gedanken und Gefühle in seinen Tageskalender, in dem er alle wichtigen Dinge festhält. Schreibe diesen Eintrag und seine Entscheidung über das Geschenk mit einer Begründung in den Kalender.

Textauszug (S. 135–137)

„Der Dorfsheriff hatte uns nicht gesehen. Er kurbelte nur an den Pedalen seines Fahrrads, zog ein Schlüsselbund aus der Tasche und versuchte, die abgegangene Kette wieder aufs Ritzel zu drücken. Das funktionierte nicht, und er musste erst die Finger zu Hilfe nehmen. Dann betrachtete er seine schmutzigen Hände und rieb sie gegeneinander. Und dann sah er mich. Fünfzig Meter entfernt und leicht bergauf: ein Junge mit einem riesigen Kürbis. Was sollte ich machen? Er hatte gesehen, dass ich in seine Richtung kam, also ging ich erst mal weiter. Ich hatte ja nur einen Kürbis, und der Kürbis gehörte mir. Meine Beine zitterten, aber es schien die richtige Entscheidung zu sein: Der Dorfsheriff wandte sich wieder seinem Fahrrad zu. Doch dann guckte er nochmal hoch und entdeckte Tschick. Tschick war in diesem Moment beim Lada angekommen, hatte seine Einkaufstaschen auf die Rückbank gehievt und war im Begriff, sich auf den Fahrersitz zu setzen. Die Hände des Polizisten hörten auf gegeneinanderzureiben. Er schaute starr in die Richtung, machte einen Schritt vorwärts und blieb wieder stehen. Ein Junge, der in ein Auto einsteigt, ist noch nicht unbedingt verdächtig. Auch wenn es die Fahrertür ist. Aber sobald Tschick den Motor starten würde, war klar, was als Nächstes passierte. Ich musste was tun. Ich umklammerte mit beiden Händen den Kürbis, hob ihn hoch über meinen Kopf und brüllte die Straße runter: »Und vergiss nicht, den Schlafsack mitzubringen!«
Was Besseres fiel mir nicht ein. Der Polizist drehte sich zu mir um. Tschick hatte sich ebenfalls umgedreht. »Vater sagt, du sollst den Schlafsack mitbringen! Den Schlafsack!«, brüllte ich noch einmal, und als der Polizist wieder zu Tschick hinguckte und Tschick zu mir, fasste ich mir schnell an Schädeldecke und Hüfte (Mütze, Pistole), um zu erklären, was dieser Mann von Beruf war. Weil, ohne Mütze und nur mit dieser grünlichen Hose war das nicht leicht zu erkennen. Ich muss ziemlich bescheuert ausgesehen haben, aber ich wusste auch nicht, wie man einen Polizisten sonst darstellt. Und Tschick begriff auch so, was los war. Er verschwand sofort im Auto und kam mit einem Schlafsack in der Hand wieder raus. Dann machte er die Fahrertür hinter sich zu und tat, als würde er abschließen (Vater hat mir den Schlüssel gegeben, ich musste nur was holen), und ging mit dem Schlafsack beladen auf mich und den Polizisten zu. Doch nur etwa zehn Schritte. Ich war mir nicht hundertprozentig sicher, warum er stehen blieb. Aber etwas im Gesicht des Polizisten musste ihm wohl klargemacht haben, dass unser Täuschungsmanöver nicht die Theatersensation des Jahrhunderts werden würde.
Denn mit einem Mal ging Tschick wieder rückwärts. Er fing an zu rennen, der Polizist rannte hinterher, aber Tschick saß schon am Steuer. Rasend schnell parkte er rückwärts aus, und der Polizist, immer noch vierzig Meter entfernt, beschleunigte wie ein Weltmeister. Nicht, um den Wagen einzuholen vermutlich, das konnte er auf keinen Fall schaffen, aber um das Kennzeichen zu lesen. Heilige Scheiße. Ein Sprintweltmeister als Dorfsheriff. Und ich stand die ganze Zeit wie gelähmt mit diesem Kürbis auf der Straße, als der Lada schon auf den Horizont zuhielt und der Polizist sich endlich zu mir umdrehte. Und was ich dann gemacht hab – frag mich nicht. Normal und mit Nachdenken hätte ich das garantiert nicht gemacht. Aber es war ja schon nichts mehr normal, und so dumm war es dann vielleicht auch wieder nicht. Ich rannte nämlich zum Fahrrad hin. Ich warf den Kürbis weg und rannte zum Fahrrad vom Polizisten. Ich war jetzt deutlich näher dran als der Polizist, schleuderte das Rad am Rahmen herum und sprang in den Sattel. Der Polizist brüllte, aber glücklicherweise brüllte er noch in einiger Entfernung, und ich trat in die Pedale. Bis zu diesem Moment war ich nur wahnsinnig aufgeregt gewesen, aber dann wurde es der reinste Albtraum. Ich trat mit aller Kraft und kam nicht von der Stelle. Die Gangschaltung war im hundertsten Gang oder so, und ich konnte den Hebel nicht finden. Das Geschrei kam immer näher. Ich hatte Tränen in den Augen, und meine Oberschenkel fühlten sich an, als würden sie vor Anstrengung gleich platzen. Der Polizist brauchte im Grunde nur noch die Hand nach mir auszustrecken, und dann kam ich langsam in Fahrt und fuhr ihm davon."

Wolfgang Herrndorf, *tschick*

1. Welche Situation im Gesamtzusammenhang der Handlung des Romans *tschick* von Wolfgang Herrndorf beschreibt dieser Textauszug? Kreuze die richtige Antwort an.

Dieser Textauszug beschreibt ...

❍ den Fluchtplan von Maik und Tschick.
❍ den Streit zwischen den beiden Jungen und dem Dorfpolizisten.
❍ die Festnahme von Maik und Tschick.
❍ die gelungene Flucht der Jungen vor dem Dorfpolizisten.

2. Vervollständige den folgenden Lückentext.

Bevor Tschick den Lada ____________________ konnte, begann Maik mit einem Täuschungsmanöver für den ____________________. Er gab durch lautes ____________________ vor, dass der Vater gesagt habe, Tschick solle noch den Schlafsack aus dem Auto mitbringen. Aber der Dorfpolizist ____________________ das Theater und so blieb Tschick nichts anderes übrig, als mit dem Lada ____________________. Maik griff sich das ____________________ des Polizisten und konnte ebenfalls ____________________.

3. Richtig oder falsch? Kreuze an.

	richtig	falsch
Zunächst bemerkt der Dorfpolizist Maik und Tschick nicht.		
Ein Junge, der beim Fahrersitz einsteigt, macht sich sofort verdächtig.		
Tschick begreift gleich, was Maik ihm mit seiner Pantomime sagen will.		
Maik denkt, der Polizist renne hinter dem Lada her, um ihn einzuholen.		
In letzter Sekunde kann Maik dem Dorfpolizisten entkommen.		

4. Finde zu folgenden Aussagen die entsprechenden Textstellen und schreibe sie heraus.

a) Ich konnte nur vermuten, warum Tschick stehen blieb.

____

____

b) Hätte ich überlegt, so hätte ich mich sicher anders verhalten.

____

____

5. Erkläre folgende Textstellen.

a) „Die Hände des Polizisten hörten auf gegeneinander zu reiben."

____

____

b) „Und ich stand die ganze Zeit wie gelähmt mit diesem Kürbis auf der Straße, als der Lada schon auf den Horizont zuhielt und der Polizist sich endlich zu mir umdrehte."

____

____

6. Dieser Jugendroman enthält zahlreiche einfache Satzreihen.
Suche aus dem ersten Abschnitt zwei Satzreihen heraus und schreibe sie auf die Linien.

a) ____

____

b) ____

____

7. a) Suche aus den folgenden Angaben die deiner Meinung nach passendste für Tschick und für Maik heraus. Begründe deine Wahl. Schreibe deine Ergebnisse in die richtigen Spalten der Tabelle.

reaktionsschnell – ideenreich – scharfer Beobachter – schnelle Auffassungsgabe

	Eigenschaft	Begründung
MAIK		
TSCHICK		

7. b) Im Verlauf der Handlung zeigen beide Jungen noch weitere Charakterzüge.
Liste diese Merkmale stichwortartig auf.

7. c) Entscheide dich für eine der beiden Aufgaben:

- Fasse alle Ergebnisse zu einem Text zusammen, der Maik charakterisiert. Nimm zum Schluss Stellung zu seinem Verhalten.
- Fasse alle Ergebnisse zu einem Text zusammen, der Tschick charakterisiert. Nimm zum Schluss Stellung zu seinem Verhalten.

Klassenarbeitsthemen

1. ***„Das war die einzig schwierige Frage: Warum?"*** (S. 233)
   a) Ordne diese Textstelle in den Gesamtzusammenhang ein.
   b) Lege die Bedeutung dieser Textstelle für die Botschaft des Romans dar.
   c) Nimm Stellung zu dieser Romanbotschaft und begründe deine Meinung.

   Belege deine Ausführungen an wichtigen Stellen mit passenden Zitaten.

2. ***„Weil, man kann zwar nicht ewig die Luft anhalten. Aber doch ziemlich lange."*** (S. 254)
   a) Ordne diese Textstelle in den Gesamtzusammenhang ein.
   b) Lege die Bedeutung dieser Textstelle für die Botschaft des Romans dar.
   c) Nimm Stellung zu dieser Romanbotschaft und begründe deine Meinung.

   Belege deine Ausführungen an wichtigen Stellen mit passenden Zitaten.

3. ***„Ich hatte mich wirklich noch nie so gut unterhalten."*** (S. 99)
   „»Aber du bist doch kein Langweiler, du Penner.«" (S. 213)
   a) Ordne diese Textstellen in den Gesamtzusammenhang ein.
   b) Lege die Bedeutung dieser Textstellen für die Freundschaft von Maik und Tschick dar.
   c) Nimm Stellung zu dieser Freundschaft und begründe deine Meinung.

   Belege deine Ausführungen an wichtigen Stellen mit passenden Zitaten.

4. Stelle die Stationen der Reise von Maik und Tschick dar und nimm kritisch Stellung dazu.
   Belege deine Ausführungen an wichtigen Stellen mit passenden Zitaten.

5. Stelle die Entwicklung der Freundschaft von Maik und Tschick dar und nimm kritisch Stellung dazu.
   Belege deine Ausführungen an wichtigen Stellen mit passenden Zitaten.

6. Stelle das Verhältnis dar, das Maik zu Tatjana und Isa hat und nimm kritisch Stellung dazu.
   Belege deine Ausführungen an wichtigen Stellen mit passenden Zitaten.

7. Verfasse eine literarische Charakteristik von Maik Klingenberg.
   Belege deine Ausführungen an wichtigen Stellen mit passenden Zitaten.

8. Verfasse eine literarische Charakteristik von Tschick.
   Belege deine Ausführungen an wichtigen Stellen mit passenden Zitaten.

9. Verfasse eine Stellungnahme zu den Gesetzesübertretungen von Maik und Tschick.
   Belege deine Ausführungen an wichtigen Stellen mit passenden Zitaten.

10. Nach Ansicht des Richters kommen Maik und Tschick beide aus „asozialen Verhältnissen".
    Stelle diese Verhältnisse und die Folgen für das Verhalten der beiden Jungen dar und nimm kritisch Stellung dazu.
    Belege deine Ausführungen an wichtigen Stellen mit passenden Zitaten.

I. Inhalt

SH 3–19

Aufgaben zu Kapitel 1–49

1 (S. 7–11)

Der 14-jährige Maik Klingenberg befindet sich auf einer Station der deutschen Autobahnpolizei. Er weiß, dass er mit Tschick zusammen „Mist" gebaut hat. Maik will Tschick nicht erwähnen, um ihn nicht zu verraten. Als er seine Verletzungen bemerkt, wird ihm übel und er fällt ohnmächtig auf den Boden.

2 (S. 12–14)

Maik wird in ein Krankenhaus gebracht. Ein Arzt untersucht den Jungen und verordnet ihm Medikamente. Maik ist benommen und schläft wieder ein.

3 (S. 15–16)

Im Krankenhaus muss man nichts tun und es gibt hübsche Schwestern. Maik ist deshalb sehr gern dort. Seine Lieblingskrankenschwester ist Hanna aus dem Libanon, mit der er richtige Erwachsenenunterhaltungen führt.

4 (S. 17–20)

Der Arzt vermutet, dass die Polizei an Maiks Sturz beteiligt gewesen ist. Der Junge versichert aber, dass sein Sturz nicht auf Fremdeinwirkung zurückzuführen ist.

5 (S. 21–23)

Maik macht sich Gedanken darüber, warum er keinen Spitznamen hat. Er fürchtet, dass es darauf zurückzuführen ist, dass er ein Langweiler ist und keine Freunde hat. Nach seinem Wechsel auf das Gymnasium hat er niemanden mehr näher kennengelernt. Ab der 7. Klasse ist er in Tatjana verliebt, über die er aber eigentlich nicht wirklich viel weiß.

6 (S. 24–32)

Eine Zeit lang hat Maik den Spitznamen „Psycho" gehabt, weil er eine Reizwortgeschichte über das Verhalten seiner alkoholkranken Mutter und deren Aufenthalt in einer Entzugsklinik geschrieben hat. Maik versteht bis heute nicht, warum der Deutschlehrer über diesen Aufsatz so entsetzt/entrüstet gewesen ist.

7 (S. 33–35)

Erst als ein Mitschüler während eines Ausflugs festgestellt hat, dass Maik doch langweilig sei, wird er nicht mehr „Psycho" genannt. Von nun an heißt er wieder einfach nur Maik.

8 (S. 36–40)

Im Hochsprung ist Maik fast unschlagbar. Bei einem Wettkampf hofft er, durch seinen Sieg/Sprung die Aufmerksamkeit von Tatjana zu erregen. Aber die Mädchen sind im Gespräch mit ihrer Sportlehrerin und schenken Maiks Meistersprung keine Beachtung.

9 (S. 41–49)

Der Russe Tschick kommt neu in die Klasse und niemand kann ihn leiden. Tschick wirkt schlampig und vergammelt. Er hat es geschafft, von der Förderschule ins Gymnasium zu kommen. Dieser Junge verhält sich merkwürdig, er scheint oft im Unterricht zu schlafen und riecht nach Alkohol. Über ihn gibt es die abenteuerlichsten Gerüchte, über seine Herkunft, seine Familie, seine Lebensumstände.

10 (S. 50–52)

Der Mathelehrer versteht nicht, warum Tschicks Leistungen in den Klassenarbeiten so schwankend sind. Diese Tatsache scheint im Zusammenhang damit zu stehen, dass Tschick manchmal nüchtern und manchmal betrunken in die Schule kommt. Die Verantwortlichen in der Schule unternehmen zunächst nichts dagegen, weil sie im Sinne der Ausländerförderung dem Russen eine Chance geben wollen. Niemand weiß, was mit Tschick los ist. Mit der Zeit stört er kaum noch und hat nur noch ab und zu Aussetzer.

11 (S. 53–56)

Im Deutschunterricht haben die Schüler eine Interpretation zu einer Keuner-Geschichte von Brecht geschrieben. Tschick muss sein Ergebnis vorlesen und präsentiert eine außergewöhnliche Lösung. Seine Waffenschiebergeschichte verrät, dass er über viel Fantasie verfügt. Der Deutschlehrer zeigt nach Tschicks Vortrag einen Gesichtsausdruck, an dem keine Reaktion zu erkennen ist.

12 (S. 57–63)

Maik fertigt mit viel Zeit und Mühe ein Bild von Beyoncé an. Er ist frustriert, weil er keine Einladung bekommen hat und wimmelt Tschick unfreundlich ab.

13 (S. 64–73)

Zu Hause weiß Maik nichts mit sich anzufangen. Die Mutter fährt in die Entzugsklinik und der Vater gibt eine Geschäftsreise mit seiner Assistentin vor. Maik bleibt mit 200 Euro und väterlichen Ermahnungen zurück. Nachdem er sich ausgeheult hat, geht es ihm besser.

14 (S. 74–78)

Tschick erscheint und repariert sein altes Damenfahrrad mit Maiks Werkzeug. Der Russe ist begeistert von Maiks Elternhaus. Die beiden Jungen spielen zusammen PlayStation und unterhalten sich über Tatjanas Party, zu der sie beide nicht eingeladen sind.

15 (S. 79–81)

Am nächsten Tag ist Maik begeistert, als er begreift, dass er tun und lassen kann, was er will. Er sprengt sogar den Rasen, weil er das selbst entscheiden kann. Tschick erscheint in einem klapprigen, „geliehenen" Lada Niva.

16 (S. 82–88)

Tschick versichert, dass man erst mit 15 Jahren strafmündig sei. Maik lässt sich zögernd auf eine Fahrt ein, auf der Tschick sich nicht an alle Verkehrsregeln hält. Nach der Fahrt zeigt Maik Tschick seine Beyoncé-Zeichnung. Dieser erkennt an dem verklebten Riss die Gefühle Maiks.

17 (S. 89–94)

Tschick überredet Maik, zu Tatjanas Geburtstagsparty zu fahren, um ihr die Zeichnung zu bringen. Nach anfänglichem Zögern überreicht Maik ihr sein Geschenk. Anschließend fahren Tschick und Maik schnell ab.

18 (S. 95–100)

Tschick und Maik vergnügen sich mit Computerspielen und Tschick macht den Vorschlag, mit dem Lada zu seinen Verwandten in die „Walachei" zu fahren.

19 (S. 101–103)

In der Nacht bepacken die Jungen den Lada und brechen zu ihrer Fahrt auf.

20 (S. 104–109)

Zunächst fahren sie gemütlich über Wiesen und Felder. Da sie keine Landkarte haben, ist es schwierig, die richtige Richtung zu finden. Bei den Klängen eines Klavierkonzertes von Mozart verirren sie sich auf die Autobahn. Nachdem ein vorbeifahrender Mann sie gemustert und ihnen Handzeichen gemacht hat, verlassen sie die Autobahn. Auf einem Feldweg probieren sie aus, wie Tschick sich verkleiden muss, um wie achtzehn auszusehen. Bei der Weiterfahrt haben sie erneut große Probleme, die richtige Richtung zu finden. Nach vielen vergeblichen Versuchen landen sie schließlich an einem Ort, wo nicht einmal mehr Häuser sind.

21 (S. 110–112)

In Regen und Wind kurven sie in einem Weizenfeld herum. Sie fahren einen Hügel hinauf und Tschick bremst erst in letzter Sekunde vor der abfallenden Landschaft. Nach einem nächtlichen Picknick im Auto während eines stundenlangen Gewitters landen sie im Sumpf, und es ist kein Weiterfahren mehr möglich.

22 (S. 113–115)
Am nächsten Morgen bringt Tschick Maik das Fahren bei. Nach langem Üben zeigen sich Erfolge.

23 (S. 116–122)
In einer Bäckerei treffen sie einen Mitschüler mit seiner Familie. Bei einer Burg sehen sie viele Rentner-Touristen und auch Polizisten, die die Nummernschilder kontrollieren. Daraufhin fahren sie weiter und tauschen das Nummernschild aus. Sie machen eine Wanderung durch den Wald, nachdem sie den Lada auf einem verlassenen Sägewerksgelände abgestellt haben. In der Nähe einer Aussichtsplattform mit Kiosk finden sie einen Lagerplatz in den Holunderbüschen. Sie unterhalten sich nachts unter dem Sternenhimmel über das Leben auf anderen Planeten.

24 (S. 123–125)
Als Maik morgens erwacht, ist Tschick nicht da. Nach Tschicks Rückkehr beschließen sie, doch mit dem Auto weiterzufahren. Die Gruppe von Fahrradfahrern entpuppt sich als „Adel auf dem Radel". Auf der Landstraße fühlen sie sich wieder sicher.

25 (S. 126–133)
Tschick und Maik suchen in einem Dorf den Supermarkt Norma. Sie treffen auf einen Jungen und fragen vergeblich nach dem Weg. Die Mutter des Jungen lädt sie zu einem Essen mit der großen Familie ein. Das Essen ist großartig und verläuft unterhaltsam.

26 (S. 134–137)
Zum Abschied bekommen sie einen Kürbis geschenkt. Anschließend gehen sie doch noch in den Supermarkt und kaufen ein. Ein Dorfpolizist wird auf Tschick und den Lada aufmerksam. Es gelingt Maik nicht, ihn abzulenken. So flieht Tschick mit dem Auto und Maik mit dem gestohlenen Fahrrad des Polizisten.

27 (S. 138–143)
Maik versucht Tschick zu finden und begibt sich an den letzten sicheren Ort. Er wartet am Aussichtsturm. Nach langem vergeblichen Warten schaut er in der Mülltonne nach und er findet eine Nachricht in der Cola-Flasche. Wie auf dem Zettel notiert, holt Tschick seinen Kumpel mit dem Lada ab, der eine andere Farbe und ein neues Nummernschild bekommen hat.

28 (S. 144–147)
Sie fahren wieder auf die Autobahn, stellen aber fest, dass kein Benzin mehr im Tank ist. Da sie beide noch nicht achtzehn sind, können sie kein Benzin an der Tankstelle kaufen. Sie beratschlagen und Maik überzeugt Tschick vom „Prinzip der kommunalen Röhren".

29 (S. 148–155)
Dazu benötigen sie Schläuche, die sie auf einer Müllkippe besorgen wollen. Auf dem Weg dorthin stillen sie ihren Hunger an einem Brombeerstrauch. Auf der Müllhalde taucht ein verwahrlostes Mädchen mit derber Sprache auf, das ihnen bei der Suche nach den Schläuchen hilft. Daher nehmen sie das Mädchen widerwillig zu dem Brombeerstrauch mit.

30 (S. 156–159)
Das Geplapper ihrer Begleiterin geht den Jungen auf die Nerven und sie kehren nach dem Brombeeressen allein zur Tankstelle zurück.

31 (S. 160–163)
Tschick und Maik bringen es auch mithilfe des Schlauches nicht fertig, das Benzin aus einem anderen Auto in den Lada zu ziehen. Das schafft erst das Mädchen, das ihnen heimlich gefolgt ist.

32 (S. 164–168)
Jetzt sind die Jungen es Isa, wie sich das Mädchen vorstellt, schuldig, sie mitzunehmen. Die Fahrt verläuft nicht unproblematisch, weil Isa zu viel redet und außerdem stinkt. Sie gelangen an einen See, an dem sie eine Rast machen, baden und sich waschen.

33 (S. 169–172)

Am nächsten Morgen geht Tschick ins Dorf, Maik schneidet Isa die Haare und sie kommen sich näher. Isa fragt Maik über sein Liebensleben aus und bietet ihm an, mit ihr zu schlafen. Maik lehnt das ab, ihm genügt es, nah mit ihr zusammenzusitzen und sie leicht zu berühren. Er fühlt sich verwirrt. Das Erscheinen Tschicks verhindert einen Kuss.

34 (S. 173–177)

Sie marschieren zu Fuß auf den Berg. Dort finden sie eine Hütte, die mit Schnitzereien bedeckt ist, zu der Tschick eine weitere hinzufügt. Angeregt durch die Sommerluft und den Heugeruch empfinden sie Freude über ihre Freundschaft und versprechen sich, sich in fünfzig Jahren hier wiederzutreffen. Als sie zum Lada zurückkommen, entschließt sich Isa, mit einem daneben parkenden Reisebus mitzufahren. Maik gibt ihr dafür 30 Euro. Sie verspricht, sich zu melden.

35 (S. 178–181)

Auf der Weiterfahrt sehen sie eine Polizeistreife und weichen in den Wald aus. Sie kommen in eine sumpfige Ebene, nachdem sie durch ein Holzgatter gefahren sind. Die Landschaft hört plötzlich auf. Sie sehen weggefräste Erde und einen weißgrauen Krater. Eine Brücke, die eher ein Gestell aus Holz und Eisen ist, führt über den Abgrund. Langsam fahren sie darüber.

36 (S. 182–188)

Auf der anderen Seite befindet sich eine Art Geisterdorf. Aus einer Fensteröffnung schießt ein alter Mann auf Tschick und Maik. Anschließend lädt er sie in seine Wohnung ein. Er macht ihnen klar, dass die Liebe die wichtigste Sache für die Menschen ist und erzählt ihnen von seinem früheren Leben. Sein Lebensmotto ist: Carpe diem.

37 (S. 189–192)

Nach diesem Besuch versuchen die Jungen vergeblich, die Autobahn zu erreichen. Sie geraten auf einen Steilhang, rutschen auf der Böschung ab, der Lada überschlägt sich und landet auf dem Dach. Eine Frau erscheint hilfsbereit mit einem Feuerlöscher, lässt ihn jedoch aus Ungeschicklichkeit auf Tschicks Fuß fallen.

38 (S. 193–198)

Die Frau bringt die beiden in ein Krankenhaus. Auf der Fahrt dorthin erfahren die Jungen, dass sie eine Sprachtherapeutin ist und erzählen ihr von dem gestohlenen Lada. Sie unterhalten sich über Stimmbildung und Tschick macht mit ihr Stimmübungen, bis sie in der Klinik ankommen.

39 (S. 199–205)

Weil Tschick in keiner Krankenkasse ist, gibt Maik im Krankenhaus für ihn den Namen André Langin und ein falsches Geburtsdatum an. Die Notaufnahme ist voll und sie müssen lange auf die Behandlung warten. Die Jungen unterhalten sich stundenlang mit der Sprachtherapeutin, die mit ihnen wartet. Als sie sich um Mitternacht verabschiedet, lässt sie noch 200 Euro für die Bahnfahrt nach Berlin da. Tschick bekommt einen Gips. Vom Fenster des Krankenzimmers aus beobachten er und Maik, wie drei Männer, zwei davon in Uniform, um den Lada herumgehen. Aber er wird nicht abgeschleppt. Der Arzt verordnet Tschick vierzehn Tage Ruhe zu Hause.

40 (S. 206–210)

Auf die Frage einer Krankenschwester, wohin sie denn jetzt müssten, erfindet Maik eine Tante, die in der Nähe wohnt, und wird aufgefordert, dort anzurufen. Nachts um vier Uhr wählt er eine beliebige Nummer. Der Mann am Telefon versteht, dass es sich um ein fiktives Gespräch handelt und spielt mit. Die Krankenschwester beobachtet sie misstrauisch und fordert, dass die Tante sie abholt.

41 (S. 211–216)

Tschick und Maik geben vor, draußen auf die Tante zu warten, rennen aber los zum Lada. Da Tschick verletzt ist, muss sich Maik ans Steuer setzen und Tschick schaltet die Gänge. Sie unterhalten sich über Maiks Wirkung auf Mädchen und Tschick verrät, dass er homosexuell ist. Sie fahren wieder auf der Autobahn. Maik bekommt ein Gefühl der Unzerstörbarkeit.

42 (S. 217–220)
In der Dämmerung fahren sie wieder auf die Landstraße. Maik erinnert sich an das nächtliche Erlebnis, das er als Achtjähriger gehabt hat. Auf der Flucht vor einem kinderfeindlichen Nachbarn war er durch eine menschenleere Gegend gelaufen und hatte Schutz bei zwei Frauen gefunden, die nachts vor einem Restaurant saßen. Das hatte großen Eindruck auf ihn gemacht. Nach einem Halt auf einer großen Ebene veranlasst Tschick die Weiterfahrt.

43 (S. 221–224)
Am nächsten Tag fährt auf der Autobahn ein Lkw mit einer Ladung Schweine in Schlangenlinien vor ihnen her. Maik will ihn überholen. Aber bevor er dieses Manöver durchführen kann, verursacht der Laster einen Unfall und Maik fährt in den umgekippten Lkw hinein und er denkt, er sterbe jetzt. Maiks letzte Gedanken gehören Berlin, Tatjana, seinen Eltern und Tschick. Er hört keinen Knall, obwohl er in den Lkw fährt.

44 (S. 225–226)
Nach dem Unfall spürt Maik zunächst nichts. Tschick hat auch überlebt und läuft die Böschung hinunter. Tote Schweine liegen umher und schreiende Schweine galoppieren auf der Autobahn herum. Maik fantasiert. Ein Autobahnpolizist kümmert sich um Maik.

45 (S. 227–231)
Maiks Eltern sind der Ansicht, ihr Sohn habe sich von dem kriminellen Russen in die Sache hineinziehen lassen. Der Vater rät, alles auf Tschick zu schieben, der in der Verhandlung sicher Maik alle Schuld geben werde, um seine Haut zu retten. Maik protestiert. Sein Vater verprügelt ihn. Später hört Maik seinen Vater vom Bett aus weiterschreien. Das Einzige, worauf er sich freut, ist das Wiedersehen mit Tschick.

46 (S. 232–236)
Vor Gericht müssen die beiden Übeltäter viele Fragen beantworten, wie schon bei dem Verhör durch die Polizei. Auf die wichtigste Frage, warum sie so gehandelt hätten, weiß Maik keine Antwort. Tschick sagt aus, dass er allein die Idee gehabt habe. Am Schluss der Verhandlung kommt der schlimmste Teil. Die häuslichen Verhältnisse der beiden Jungen werden unter die Lupe genommen. Es wird festgestellt, dass Tschick aus asozialen Verhältnissen kommt, dass aber auch Maik vernachlässigt und verwahrlost sei. Das Urteil fällt milde aus: Tschick muss im Heim bleiben, Maik muss Arbeitsleistungen erbringen: dreißig Stunden bei der Behindertenbetreuung helfen.

47 (S. 237–244)
Nach den Sommerferien ist in der Schule alles wie bisher. Maik ist traurig ohne Tschick. Maik versucht, nicht auf Tatjana zu achten, aber sie nimmt durch einen Zettel mit ihm Kontakt auf und erkundigt sich, was mit ihm passiert sei. Nach anfänglichem Zögern berichtet er ihr kurz, den Zettel erwischt jedoch der Lehrer. Diese Demütigung wird unterbrochen durch das Erscheinen der Polizei, die Maik auf den Gang bittet.

48 (S. 245–248)
Die Polizei will wissen, wo sich Tschick befindet, da er ein Auto gestohlen haben soll und dieses mit Totalschaden gefunden worden ist. Maik kann bezeugen, dass sie beide für die Tatzeit ein Alibi haben.

49 (S. 249–254)
Maik erhält einen Brief von Anselm Wail, der von Isa stammt. Sie kündigt ihr Kommen an. Maik freut sich und weiß nicht, in wen er mehr verliebt ist, in Tatjana oder Isa. Seine Mutter reißt ihn aus seinen Gedanken, weil sie alkoholisiert Möbel, Bilder und Haushaltsgegenstände in den Pool wirft und Maik zum Mithelfen auffordert. Als die Polizei erscheint, springen beide in den Pool und halten unter Wasser die Luft an. Maik erlebt einen Augenblick wie in einer anderen Welt, der ihn glücklich macht.

II. Stationen der Reise SH 20–26

Aufgabe 1 – Die Reiseroute SH 20–22

a) Handy
b) Navigation
c) Berlin-Rahnsdorf – Kreis Oder-Spree: Freienbink (nicht Burig) – Spreenhagen – Markgrafpieske (Bad Freienwalde liegt in Märkisch-Oderland und führt nicht nach Süden) – Richtung Kreis Dahme-Spreewald – Richtung Ober-Spreewald-Lausitz – weiter Richtung Dresden – Richtung Tschechien – Richtung Slowakei – Richtung Rumänien
d) Er hat recht, weil Tschechien an die Mark Brandenburg grenzt.

Aufgabe 2 – Wichtige Stationen SH 23

Stationen	Ereignisse	*Reaktionen*
Autobahn (S. 106)	Mann, der ins Auto schaut und Handzeichen macht	*Befürchtung, als Minderjährige entdeckt zu werden*
Abgelegener Feldweg (S. 106)	Versuche, Tschick älter aussehen zu lassen	*mit Erfolg zufrieden – beruhigtes Weiterfahren*
Wiese am Waldrand (S. 113–115)	Tschick als Fahrlehrer Maiks	*Üben: Gefühl der Anstrengung – Fahren: „Wahnsinn“*
Parkplatz im Waldstück (S. 118–119)	Wechseln des Nummernschildes (Münchner Nummer)	*Hoffnung, nicht entdeckt zu werden*
Verlassenes Sägewerks-gelände (S. 119)	Wagen abstellen – zwei Tage ohne Wagen im Wald	*Überlegungen sich abzusichern/ Entdeckung befürchtet*
Garten der Familie Friedemann (S. 130–133)	Essen mit kinderreicher Familie/ Quizspiele um Portionen	*Genuss des guten Essens* *Unterhaltung durch Quiz*
Straße, in der der Lada parkt (S. 134–137)	Flucht vor dem Dorfpolizisten Tschick mit Auto Maik mit Fahrrad des Polizisten	*Angst vor Entdeckung* *Aufregung* *Täuschungsversuch* *Hals-über-Kopf-Reaktion*
Aussichtsplattform (S. 141–143)	Wiedertreffen und berichten – Lada: neue Farbe, neue Nummer (Cottbus)	*Maiks und Tschicks logische Überlegungen* *Wiedersehensfreude*
Tankstelle/Raststätte (S. 144–147)	Benzin alle offizielles Tanken nicht möglich (Alter) Benzin abpumpen erfolglos	*zeitweise Mutlosigkeit* *Maiks Idee mit der Kommunalkraft*
Müllkippe (S. 148–155)	Auftauchen des verwahrlosten Mädchens Schläuche für das Tanken gefunden	*Aggressiver Wortwechsel Tschick – Mädchen/Genervtsein* *Maiks unheimliches Gefühl*
Kraterlandschaft (S. 179–181)	Fahrt auf dem Gerüst über den Abgrund Pause auf den Holzbohlen	*Vorsichtiges Verhalten* *Unsicherheit* *Maiks Distanz zu realem Leben*

Stationen	Ereignisse	Reaktionen
Geisterdorf/Frickes Haus (S. 183–188)	Frickes Schüsse aus der Fensteröffnung Unterhaltung in seinem Haus	*Angst – Widerstreben – dann Nachgeben – höfliches Zuhören – Urteil: „Schwachsinn"*
Schmales Plateau (S. 189–192)	Unfall: Abhang hinunterrutschen Frau mit Feuerlöscher Feuerlöscher fällt auf Tschicks Fuß	*Fluchtgedanken Tschicks (Polizei)* *Schock Maiks*
Krankenhaus (S. 201/206–210)	Langes Warten auf Behandlung Beistand der Frau (Gespräch/Geld) „Kümmern" der Krankenschwester	*Dankbarkeit (hilfsbereite Therapeutin) – kluge Reaktion (Telefongespräch mit fremdem Mann)*
Platz des Unfalls (S. 211–215)	Festlegen, wie man weiterfährt (Maik: Gas, Gänge/Tschick: Gänge)	*Maiks Unsicherheit (Fahren)*
Autobahn (S. 221–224)	Unfall mit Lkw Maik/Autobahnpolizist Tschick Böschung hinunter	*Maik: Halluzinationen* *Benommenheit* *Tschick: Besorgnis um Maik*

Aufgabe 3.1 – Besondere Momente: Unter dem Sternenhimmel SH 24

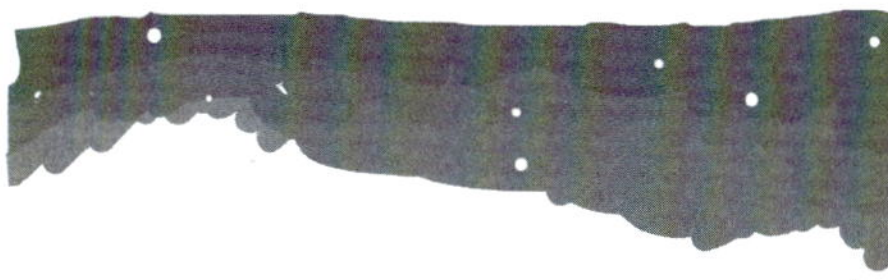

a) Ausdruck für die unbegreifliche Unendlichkeit, die Tschick wahrnimmt
b) individuelle Wahl, alle Ausdrücke möglich – Möglichkeit: erschrocken über die Unendlichkeit im Vergleich mit der Winzigkeit des Menschen (oder andere Lösung)

Aufgabe 3.2 – Besondere Momente: Isa und Maik SH 25

a) ISA:
„»Willst du?«
»Was will ich?«
»Du hast schon verstanden.«
»Nein«, sagte ich." (S. 171)

MAIK:
„Aber tatsächlich wollte ich gar nicht mit ihr schlafen. Ich fand Isa zwar toll und immer toller, aber ich fand es eigentlich auch vollkommen ausreichend, in diesem Nebelmorgen mit ihr dazusitzen und ihre Hand auf meinem Knie zu haben […]" (S. 172)

b) ISA:
„»Du zitterst ja«, sagte sie.
»Ich weiß«, sagte ich.
»Viel weißt du nicht.«
»Ich weiß.«
»Wir könnten ja auch erst mal küssen. Wenn du magst.«"
(S. 172)

Aufgabe 3.3 – Besondere Momente: Die Verabredung SH 26

a) Nachdem Maik den Namen *Anselm Wail* gelesen hat, denkt er daran, dass sie in 100 Jahren auch tot wären.
Über das Leben von Anselm Wail und seiner Familie macht sich Maik Gedanken und stellt Vermutungen an.
Maik fragt sich, warum Anselm Wail seinen Namen in das Holz geschnitzt hat.
Er stellt sich vor, dass Anselm Wail vielleicht gereist ist, ein Autodieb gewesen ist oder Spaß beim Reiten gehabt hat.
Letztlich aber ist das alles gleichgültig, denn es würde nie mehr jemanden interessieren, weil nichts geblieben ist.
Maik wird sich bewusst, dass es ihm und seinen Freunden genauso ergehen würde.
Und deshalb wünscht er sich, dass Tschick ihre vollen Namen in das Holz geschnitzt hätte.

III. Maik und Tschick – Eine Freundschaft SH 27–33

Aufgabe 1 – Maik und Tschick SH 27

MAIK KLINGENBERG:

Vater: Immobilienbranche – Villa mit Pool – Mutter: Alkoholikerin – unauffällig – Hausangestellte – Vater: Verhältnis mit Assistentin – nicht gut im Kennenlernen – Mutter: Entzugsklinik – Einzelkind

ANDREJ TSCHICHATSCHOW:

wirkt wie weggetreten im Unterricht – jüdischer Zigeuner – Russe – deutscher Pass – täglich dasselbe Hemd und billige Jeans – betrunken in der Schule – sieht aus wie ein Assi – Russland/„Walachei" – Mongolenaugen – Auto- und Ladendiebstahl – Betrug und Hehlerei – Plattenbausiedlung – ein Bruder

Aufgabe 2 – Maik, ein Langweiler und Außenseiter? SH 28–29

a) S. 59: ideenreich (Geschenk für Tatjana) – gefühlvoll (Einsatz von Mühe und Zeit für seine „Herzensdame")
S. 66.67: gefühlvoll (Beobachten von Licht in Tatjanas Zimmer: Wärme oder Enttäuschung – Zerreißen der Zeichnung aus Enttäuschung – Weinen)
S. 72/80–81: fantasievoll (Graf Luckner / Graf Koks)
S. 105: gefühlvoll (Gefallen an Mozart)
S. 117–118/174: nachdenklich (Gedanken über das frühere und jetzige Leben der Rentner – Gedanken über das Leben von Anselm Wail und Leben und Tod)
S. 206–208: ideenreich (Besuch bei der Tante als Ausrede – fiktives Telefongespräch)

b) *Graf Luckner* brachte die gegnerischen Seeleute nicht um, sondern rettete sie nach dem Versenken ihrer Schiffe. Als Jugendlicher kommt er bis nach Australien und erlebt Abenteuer.
Maik wünscht sich wie Graf Luckner Abenteuer, die er erfolgreich bestehen wird. Er möchte kein „Psycho", kein Langweiler sein und sucht nach Anerkennung.

c) einfühlsam – praktisch/logisch – sensibel/einfühlsam – klug/reaktionsschnell/kombinationsfähig – aufmerksam – ehrlich/freundschaftlich – mutig/risikobereit – fürsorglich/verantwortungsbewusst – einfühlsam/aufbauend – fürsorglich/verantwortungsbewusst – dankbar – ehrlich/verlässlich

Aufgabe 3 – Die Freundschaft wächst SH 30–33

a)

S. 99: *„Ich hatte mich wirklich noch nie so gut unterhalten."*

S. 113: *„Die Schokoladenkekse waren mittlerweile wieder essbar, und nachdem wir sie gefrühstückt hatten, versuchte Tschick, mir auf einer Wiese am Waldrand das Fahren beizubringen."*

S. 122: *„Ich dachte über die Insekten nach, die jetzt fast sichtbar wurden auf ihrer kleinen, flimmernden Galaxie, und dann drehte ich mich zu Tschick, und er guckte mich an und guckte mir in die Augen und sagte, dass das alles ein Wahnsinn wäre, und das stimmte auch."*

S. 142: *„Ich umarmte Tschick, und dann boxte ich ihn, und dann umarmte ich ihn wieder. Ich konnte mich überhaupt nicht beruhigen."*

S. 175: *„»Ich wollte sagen«, sagte ich, »ich finde es toll, dass wir jetzt hier sind, und ich bin froh, dass ich mit euch hier bin. Und dass wir befreundet sind.«"*

S. 213–214: *„»Weil, soll ich dir auch ein Geheimnis verraten?«, fragte Tschick und schluckte und sah aus, als hätte man ihm eine Bleikugel im Hals versenkt, und dann kam fünf Minuten nichts, und er meinte, dass er es beurteilen könnte, weil es ihn nicht interessieren würde. Mädchen. Dann wieder lange nichts und dann: Das hätte er noch niemandem gesagt, und ich müsste mir keine Gedanken machen."*

S. 214: *„Tschick war mit dem Kopf auf das Armaturenbrett gesunken. Ich legte eine Hand in seinen Nacken, und dann saßen wir da und hörten »Ballade pour Adeline«, und ich dachte einen Moment darüber nach, auch schwul zu werden."*

S. 220: *„Und als ich gerade etwas sagen will, geht links in einem kleinen Fenster im Bauernhof ein grünes Licht an, und ich sage nichts mehr. Ich kann nicht mehr. Schließlich legt Tschick seinen Arm um meine Schulter und sagt: »Wir müssen weiter.«"*

S. 235: *„»Wir hatten die Idee«, sagte ich. »Wir beide.«*
»Quatsch!«, meldete sich Tschick zu Wort.
»Wir wollten einfach ein bisschen rumfahren«, sagte ich, »Urlaub wie normale Leute und –«
»Quatsch«, meldete Tschick sich wieder.
»Du bist nicht dran«, sagte der Richter."

S. 253: *„Ich dachte daran, dass es jetzt nicht mehr lange dauern würde, bis ich Tschick in seinem Heim besuchen konnte, [...]"*

b) individuelle Entscheidung **SH 31**

c) individuelle Entscheidung **SH 32–33**

e) Vater Heckel/Verpflegung **SH 33**
Friedemanns Mutter/Einladung zum Essen
Sprachtherapeutin/Beistand (finanziell und seelisch), Interesse
Mann am Telefon/spielt mit
Richter/Verständnis

IV. Maiks Mädchen **SH 34–37**

Aufgabe 1 – Tatjana und Isa **SH 34**

a) individuelle Lösung

b) unveränderliche Merkmale: schmale Augen, wulstige Lippen, platte Nase
veränderliche Merkmale: barfuß, schwarze Beine bis zum Knie, hochgekrempelte Army-Hose, versifftes T-Shirt, verschnittene Haare

Aufgabe 2 – Der Charakter von Tatjana und Isa **SH 34–35**

a) TATJANA:
planvoll (Ankündigung der Party, damit ihre Freundinnen sich darauf einrichten können)
selbstbewusst (Riesenparty: Sicherheit, dass Mitschülerinnen und Mitschüler kommen wollen)
neugierig (Zettel an Maik) – mitfühlend (wirkliches Interesse, was mit Maik passiert ist)

b) ISA:
aggressiv – aufmerksam – neugierig/anhänglich/genießerisch – fröhlich/praktisch/kommunikativ – allein/sexuell erfahren/schnell entschlossen/anhänglich – verlässlich

c) nicht täuschen lassen von heruntergekommenem Aussehen/praktisch – hilfsbereit – lebensklug – erfahren

d) individuelle Lösung

Aufgabe 3 – Tatjana oder Isa? **SH 36–37**

a) individuelle Lösung mithilfe der Adjektive aus den Lösungen der Aufgaben 1 und 2.

b) Lösungen des Bilderrätsels: beleuchtetes Fenster – Hand auf Knie
Maiks Gefühle: Verliebtsein – Sehnsucht – Wärme – Traurigkeit (Tatjana)/körperliche Anziehung – sexuelle Erregung – Scheu

c) individuelle Lösung mithilfe der Ergebnisse von Aufgabe 3b

d) individuelle Lösung

V. Grenzüberschreitungen SH 38–45

Aufgabe 1 – Gesetzesverstöße SH 38

a) Autodiebstahl (Kurzschließen) – Fahren ohne Führerschein – Missachten der Verkehrsregeln – riskante Aktionen auf öffentlichen Verkehrswegen – überhöhtes Tempo in Ortschaften – Fahren auf der Autobahn ohne Fahrerlaubnis – Fahren als Jugendlicher unter 18 Jahren – Versuch der Vertuschung der Minderjährigkeit – unerlaubte Fahrstunde – Verstecken des gestohlenen Autos – Diebstahl von Nummernschildern – Fahrraddiebstahl – Ladendiebstahl – unerlaubtes Anbringen von Nummernschildern – versuchter Benzindiebstahl – Beihilfe zum Benzindiebstahl – Versicherungsbetrug – Fahren mit zwei Fahrern (Aufteilung der Tätigkeiten)

b) Fahren ohne Führerschein – Missachten der Verkehrsregeln – überhöhtes Tempo in Ortschaften – Fahren auf der Autobahn ohne Fahrerlaubnis – Fahren als Jugendlicher unter 18 Jahren – Versuch der Vertuschung der Minderjährigkeit – unerlaubte Fahrstunde – Verstecken des gestohlenen Autos – Diebstahl von Nummernschildern – Fahrraddiebstahl – unerlaubtes Anbringen von Nummernschildern – versuchter Benzindiebstahl – Versicherungsbetrug – Beihilfe zum Benzindiebstahl – Fahren mit zwei Fahrern (Aufteilung der Tätigkeiten)

c) Fahrraddiebstahl – Versicherungsbetrug

Aufgabe 3 – Warum? SH 40–42

a) Maiks Gefühle: frustriert – ausgeschlossen – einsam – unglücklich – traurig – hoffnungslos – allein gelassen
Reaktion: Flucht/Reise: einmal nicht langweilig und feige sein

b) Handeln der Eltern: Vernachlässigen ihren Sohn
Wirkung auf Maik: Rückzug in Tätigkeit/Wohlfühlen darin
Handeln der Eltern: Suchtverhalten statt Verantwortung für den Sohn
Wirkung auf Maik: Erfahrungen/Erkennen des schlimmer werdenden Zusammenlebens mit einer Alkoholikerin
Handeln der Eltern: Vernachlässigen ihres Sohnes – nicht kindgemäßes Behandeln
Wirkung auf Maik: keine Spielgefährten – Anpassen an die Situation
Handeln der Eltern: Verhalten in betrunkenem Zustand/keine Verantwortung für den Sohn
Wirkung auf Maik: Miterleben der Folgen von Alkoholkonsum – überfordert werden
Handeln der Eltern: Vernachlässigen des Sohnes/Folge der Sucht – sich selbst überlassen – keine Fürsorge
Wirkung auf Maik: auf sich gestellt – allein gelassen – frustriert
Handeln der Eltern: Geld statt Familienleben
Wirkung auf Maik: s. o.
Handeln der Eltern: verlogener Umgang der Eheleute – außereheliches Verhältnis
Wirkung auf Maik: Durchschauen der gestörten Ehe/des Verhältnisses
Handeln der Eltern: Egoismus/Sorge nur um den eigenen Ruf, nicht um den Sohn – Vorwürfe
Wirkung auf Maik: Gefühl des Unverstandenseins/der Unwichtigkeit für den Vater
Handeln der Eltern: Schläge statt Verständnis
Wirkung auf Maik: Zorn – Distanzgefühl

c) asozial (Tschick): arm, billige und ungepflegte Kleidung, Wohngegend der Unterschicht
unübersichtliche Herkunft und Familienverhältnisse, kriminelle Handlungen
asozial (Maik): wohlhabende Verhältnisse und entsprechende Wohngegend, aber Vernachlässigung des Sohnes, die zur inneren Verwahrlosung führt, kein Familienleben, keine wirkliche Kommunikation

Aufgabe 4 – Sanktionen SH 43

Der Richter ordnet Erziehungsmaßnahmen an: Tschick muss im Heim bleiben (= Bestimmung des Aufenthaltsortes), Maik hat eine Arbeitsleistung zu erbringen (30 Stunden im Behindertenbereich). Die asozialen Familienverhältnisse beider Jungen werden als mildernde Umstände berücksichtigt. Tschicks Wohnverhältnisse, sein Alko-

holkonsum, der kriminelle Hintergrund in seiner Familie (Bruder) – Maiks seelische Verwahrlosung und fehlende Geborgenheit (Mutter Alkoholikerin/Vater desinteressiert am Wohlergehen seines Sohnes). Beide Jungen haben in ihren Familien keinen Halt bekommen.
Stellungnahme zu Strafmaß: individuelle Lösung

Aufgabe 5 – Aufbruch und Lebensfreude SH 44–45

a) *„Ich mag meine Mutter. Ich muss das dazusagen, weil das, was jetzt kommt, vielleicht kein supergutes Licht auf sie wirft. Aber ich hab sie immer gemocht, und ich mag sie noch. Sie ist nicht so wie andere Mütter. Das mochte ich immer am meisten. Sie kann zum Beispiel sehr witzig sein, das kann man ja von den meisten Müttern nicht gerade behaupten."* (S. 27)

b) Zunächst leuchten ihm die Ratschläge ein. Später hält er sie immer noch für richtig, zweifelt aber daran, dass es seiner Mutter wirklich so gleichgültig ist, was die Leute über sie denken.

c) Glück – Liebe

d) Gleichgültigkeit gegenüber seinem Spitznamen „Psycho" – Es gibt Schlimmeres als eine Alkoholikerin als Mutter – bald Wiedersehen mit Tschick – Isas Brief – Horst Fricke und sein „Carpe Diem" – Gewitter über dem Weizenfeld – Pflegeschwester Hanna und Geruch von grauem Linoleum – bester Sommer von allen, ohne Tschick nie erlebt

e) Zuneigung/Liebe – Wunsch, dem Alltag zu entfliehen – Mut zur Grenzüberschreitung – Ahnung/Wissen um die wichtigen Dinge im Leben

VI. Erzählperspektive SH 46–47

Aufgabe 1 – Wer erzählt? SH 46

a) Maik Klingenberg

b) Ich-Erzähler

Aufgabe 2 – Erzähler/Autor SH 46

a) INNENSICHT: Geschehen als Beteiligter, Gedanken, Gefühle

b) AUSSENSICHT: Beobachtungen und Schlussfolgerungen

Aufgabe 3 – Innen- und Außensicht SH 47

INNENSICHT – z. B.: *„Auf dem Gymnasium habe ich dann erst mal niemanden kennengelernt. Ich bin nicht wahnsinnig gut im Kennenlernen. Und das war auch nie das ganz große Problem für mich."* (S. 23)

AUSSENSICHT – z. B.: *„Ich weiß über sie, was jeder weiß, der mit ihr in eine Klasse geht. Ich weiß, wie sie aussieht, wie sie heißt und dass sie gut in Sport und Englisch ist."* (S. 23)

Aufgabe 4 – Der Erzählrahmen SH 47

a) *„Und den Rest habe ich ja schon erzählt."*

b) Rückblende: Kapitel 1–4
Ablauf des Geschehens: Kapitel 5–44
Anschluss an die Rückblende: Kapitel 45–49

c) Neugier wecken

VII. Erzählstil SH 48

1. Der Episodenstil

Beispiele:

Ende Kapitel 16: *„»Genau so würd ich's machen.«"*
Anfang Kapitel 17: *„»Im Ernst, du musst was machen.«"*

Ende Kapitel 26: *„Der Polizist brauchte im Grunde nur noch die Hand nach mir auszustrecken, und dann kam ich langsam in Fahrt und fuhr ihm davon."*
Anfang Kapitel 27: *„Ich schoss über das Kopfsteinpflaster durchs Dorf."*

VIII. Sprachliche Gestaltung SH 50–52

1. Die Sprachform SH 50

S. 7–8: Mischung aus Umgangssprache *(„Jetzt, wo eh alles egal ist.")* mit Sätzen aus der Standardsprache *(„Denn genau genommen wäre ich nicht hier, wenn es Tatjana nicht gäbe.")* und Ausdrücken aus der Jugendsprache *(„der ganz große Bringer")* und dem Jargon *(„vollgeschifft")*

S. 151–152: Dialog zwischen Tschick und dem Mädchen hauptsächlich in Slang/Jargon *(„Geht dich einen Scheißdreck an!")* – Mischung aus Umgangssprache *(„Man sah die Knie und die Hand, und, um ehrlich zu sein, die Hand zeigte irgendwo in den Himmel.")* und Sätzen aus der Standardsprache *(„Das Rauschen der Autobahn war leiser geworden, der gebückte Mann und die kleinen Kinder waren nicht mehr zu sehen.")*

2. Der Satzbau SH 50

Unvollständige Sätze: *„Und welches Krankenhaus, vielleicht die Charité?"*
Aneinanderreihen von Nebensätzen ohne zugehörigen Hauptsatz und nicht zugehörigen Hauptsätzen: *„Weil, dem Polizisten gefällt das nämlich nicht, wie er da von dem Arzt angeschrien wird, und er schreit zurück, aber da schreit dann der Arzt noch lauter – und da merkt man interessanterweise, wer hier das Sagen hat."*
Wiederholungen: und – und da – aber da

3. Die Wortwahl

Aufgabe 1 – Wirkung von Wörtern SH 51

Wortwahl	Wirkung	Textstelle
Wörter aus der Umgangssprache	vertraut – alltäglich – realistisch – wie miteinander sprechen	egal (S. 8) – Depp (S. 8) – Assi (S. 62)
Wörter aus der Jugendsprache	Gefühl der Gruppenzugehörigkeit – Abgrenzung gegen Erwachsenenwelt	der ganz große Bringer (S. 7) – abschminken (S. 8) – cool (S. 63) – abziehen (S. 63)
Wörter aus niederen Sprachformen	ordinär – ungebildet – aggressiv – assihaft	gepisst (S. 7) – Fresse (S. 62) – Scheiß (S. 63)
Wörter aus der Standardsprache	gepflegt – gebildet – vornehm – intelligent	Handtuchspender (S: 8) – bog ein (S. 62) – offenbar (S. 62)

Aufgabe 2 – Zweimal „Walachei“ SH 52

a) **TSCHICK:** Teil von Rumänien; sein Großvater und andere Verwandte stammen aus Rumänien
MAIK: Ausdruck für: irgendwo da draußen, unbestimmter Ort

b) Das Ziel ist die „Walachei“ in Rumänien (Tschick), aber die beiden Jungen landen wegen ihrer Orientierungslosigkeit „irgendwo da draußen“ (Maik).
Zu „Walachei“ passen auch ihre Erlebnisse und die vielen interessanten und spannenden Begegnungen bei ihrem Aufbruch ins Ungewisse.

IX. Interpretation SH 53-55

Aufgabe 1 – Eine Interpretation entwickeln SH 53

Leicht lesbarer Text, Mischung von Sprachebenen, viele unerwartete besondere Situationen.

Maik und Tschick sind Außenseiter in ihren Gruppen, nicht in familiärer Geborgenheit, also auch einsam.

Maik und Tschick werden zu Vertrauten, die sich aufeinander verlassen können und sich mögen.

Maik spricht offen über seine unglückliche Liebe zu Tatjana, über seine Scheu und Unbeholfenheit Isa gegenüber, über sein Langweilertum und seine Wünsche, auch Beachtung zu finden.

Die Reise in die „Walachei“ ist ein Aufbruch aus dem frustrierenden Leben der beiden, der ihnen Spannung, interessante Begegnungen und Orte und ihre Freundschaft bringt, sie aber auch gefährlichen Situationen aussetzt, sie gegen das Gesetz verstoßen lässt, was ihnen Strafen einträgt.

Verirrungen durch Orientierungslosigkeit, viele Schwierigkeiten mit den Folgehandlungen, viele Eindrücke durch Landschaften, Menschen und Ereignisse.

Maik ist nachdenklich und einfühlsam sich selbst und den Mitmenschen gegenüber; er ist zwar frustriert, aber nicht aggressiv; er hat Sehnsüchte und den Mut zum Aufbruch.

Die Gesetzesübertretungen führen zu gefährlichen Situationen, in denen die Jugendlichen Schaden nehmen. Am Schluss müssen sie sich für ihre Handlungen verantworten. Die Strafen sind milde, weil man Verständnis für die Situation der beiden hat.

Aufgabe 2 – tschick SH 54

Mögliche Antwort: gemeint als Adjektiv für das Geschehen und die Lebenseinstellung, die der Roman vermittelt und die im Charakter Tschicks zum Ausdruck kommen.

Aufgabe 3 – Heldenreise SH 55

(X) 1. Der Held befindet sich in einer schwierigen oder unerfreulichen Situation und erhält die Möglichkeit, auszubrechen.
(X) 2. Er zögert zunächst, weil er Angst davor hat, Gewohntes aufzugeben und ins Ungewisse aufzubrechen.
(X) 3. Er überwindet sein Zögern und begibt sich auf die Reise.
(X) 5. Der Held macht eine Erfahrung durch, die ihn verändert.
(X) 6. Der Held zögert, in seinen Alltag zurückzukehren.
(X) 7. Der Held wird zur Rückkehr bewegt, z. B. durch äußeren Zwang.
(X) 8. Nach seiner Rückkehr muss der Held die neuen Erfahrungen/Erkenntnisse und seine Entwicklung in seinen Alltag integrieren und trifft dabei auf Unverständnis.

LH = Lehrerheft

Der Autor Wolfgang Herrndorf

LH 32

Lückentext „Leben und Werke“

Hamburg – Nürnberg – Berlin – Illustrator – Zeitschrift – In Plüschgewittern – Diesseits des Van-Allen-Gürtels – tschick – Jugendliteraturpreis – Wir höflichen Paparazzi – Riesenmaschine – Schreiben – Diagnose – Tagebuch – Krebs – Kampf

Vergleichen

LH 34

Aufgabe 1

Handlung:

Floßfahrt auf Mississippi – Erleben von Abenteuern
Flugzeugabsturz – Leben auf Korallenriff – Kämpfe – Rettung
Flucht aus College – New York – Einsamkeit
Reise in die „Walachei“ – gemeinsame Erlebnisse – Freundschaft

Figuren/Charakter:

Lausejungen – Raufbold/Außenseiter – mutig – fantasievoll
Schüler aus England – übernehmen Verantwortung/handeln gegen aufgestellte Regeln
Collegeschüler – einsam – introvertiert
Außenseiter – Langweiler/ Russe – sensibel/ideenreich/ nachdenklich – ehrlich/praktisch/freundschaftlich

Beziehungen:

Freunde – gemeinsame Unternehmungen – Zusammenhalt
feindliche Gruppen
keine Beziehung
Freundschaft

Anlass des „Aufbruchs“:

Flucht in brenzliger Situation/Flugzeugabsturz/Schulfrust/Außenseitertum

Ausgang der Geschichte:

Überstandene Abenteuer/Rückkehr in die Heimat/Psychotherapeutische Behandlung/Gerichtsurteil und Neuanfang

Außenseiter in der Klasse

LH 36

Textarbeit

Aufgabe 1: r – f – r – r – f

Aufgabe 2:

... steigern sich die Probleme, die der Außenseiter mit seinem Selbstwertgefühl hat.
... ihre Situation zu verstecken.
... depressive Zustände, in Extremfällen sogar Suizidgefahr.
... sozial isolierten Jugendlichen eine erhöhte Anfälligkeit zu körperlichen und seelischen Krankheiten sowie Verhaltensauffälligkeiten besteht.

Aufgabe 3: Sie können in die Außenseiterrolle geraten, wenn sie als Streber angesehen werden.

Aufgabe 4: Schülerinnen und Schüler, die sich so verhalten, wie es die Gruppe für richtig hält, geraten nicht in die Gefahr, Außenseiter zu werden.

Jugendkriminalität

LH 39

Reziproke Fragen ②

1a) Personen zwischen 18 und 21 Jahren können nach Erwachsenen- und Jugendstrafrecht behandelt werden.
1b) In der Zeit, in der sie sich von Erwachsenen absetzen und ihre eigene Persönlichkeit entwickeln wollen, geraten sie vor allem in Konflikt mit dem Gesetz.
2a) Folgende Ursachen werden genannt: Persönlichkeit des Jugendlichen – soziales Umfeld – gestörtes Sozialverhalten – Leistungsdruck – fehlende Zukunftsperspektive – Versäumnisse von Elternhaus, Schule und Jugendamt.

LH 40

Reziproke Fragen ③

2b) Sie lässt sich statistisch schwer erfassen. Nur drei bis fünf Prozent der Jugendlichen, vor allem Jungen, gehören zu der Gruppe der Mehrfachtäter.

3a) Das soziale Umfeld besteht im Kern aus Familie, Freundeskreis, Schule/Beruf.

3b) Ein gestörtes Sozialverhalten bedeutet vor allem Unfähigkeit zu Kommunikation und Eingliederung in das Zusammenleben.

Jugendalkoholismus

LH 44

„Alkohol: Anlässe, Konsumverhalten, Wirkungen, Folgen"/Lückentext ③

Minuten – Kopf – Blut – 30 – 60 – Körperzelle – Informationsübertragung – stimulierend – betäubend – Wirkung – Entspannung – Gehör – Konzentrationsvermögen – heitere – Gedächtnisses – Orientierung – süchtig – früher – Umgang – Harmlosigkeit – legalen

LH 46

Fragen Lehrtext ⑤

1. Die Bundesrepublik Deutschland steht hinter England an zweiter Stelle.
2. Feiern zu verschiedenen Gelegenheiten – im Umfeld von Fußballspielen – Anreiz in Kaufhäusern
3. Sie verführen die Jugendlichen. Sie legen nahe, Alkohol und Freunde, gute Laune usw. gehörten zusammen.

Tabelle

Anlässe: Feiern zu verschiedenen Gelegenheiten – im Umfeld von Fußballspielen – Anreiz in Kaufhäusern – Freizeitgestaltung – Frustabbau

Umgang mit Alkohol in der Gesellschaft: gesellschaftlich sanktionierter Alkoholkonsum – Verharmlosung – legale Droge

Wirkung: entspannte/heitere oder aggressive Stimmung – Nachlassen von Sehfähigkeit , Geruchs- und Gehörssinn – Störungen der Konzentration und der Bewegungskoordination – Nachlassen des Reaktionsvermögens – Ansteigen der Risikobereitschaft – Gleichgewichts- und Sprachstörungen – Betäubungsstadium

„‚Binge drinking' – Rauschtrinken bei Jugendlichen ungeheuer populär"/Instruktionstext

LH 47

Arbeitsanweisung Instruktionstext ①

lesen – herausschreiben – verfassen – kurzen Vortrag halten

LH 48–49

Abschnittüberschriften Instruktionstext ②

1. Die neue „Qualität" des Rauschtrinkens
2. Verhalten von Rauschtrinkern
3. Folgen des Rauschtrinkens
4. Spätfolgen für Frühtrinker
5. Rauschtrinken als Gruppenphänomen
6. Gefährlichkeit des Rauschtrinkens
7. Wirkung des Alkohols
8. Risiko für unerfahrene Trinker

LH 49

Stichwörter zu den Überschriften/Tabelle

1. europaweite Verbreitung – neue „Qualität" des Alkoholkonsums der Jugendlichen
2. meiste Jugendliche: verantwortungsbewusster Umgang mit Alkohol – kleine Gruppe: bewusstes Rauschtrinken
3. etwa jeder dritte Jugendliche zwischen 16 und 17 Jahren: wenigstens einmal im Monat fünf oder mehr Gläser – hohe Zahl von Alkoholvergiftungen/Einlieferungen ins Krankenhaus – 26.673 Einlieferungen bislang höchste Zahl
4. früher Beginn des Trinkens (Längsschnittstudie): Risiko für 30-Jährige alkoholabhängig zu werden um 2/3 höher als bei ehemals weniger Trinkenden – Drogenmissbrauchsrate um 40 Prozent höher – negative Auswirkungen auf Schul- und Berufsausbildung

5. Rauschtrinken Gruppenphänomen – Statusfrage – gemeinsames Rauscherlebnis wirkt verbindend
6. Gefahr: einmaliger Konsum kann zu mehrmaligem Trinken, dann zur Gewohnheit führen – Körper gewöhnt sich an eingenommene Mengen
7. Senkung des Blutzuckerspiegels – Flüssigkeitsentzug – Ausschalten lebenswichtiger Reflexe – Krampfanfälle – Atemstillstand – plötzlicher Herztod
8. besonders hohes Risiko: Dauer von mindestens 30 Minuten, bis Alkohol ins Blut gelangt – in dieser Zeit: Konsum von hochgefährlicher Menge möglich

„Alkohol: Suchtentwicklung – Suchtvermeidung"/Persuasionstext

Tabelle ③ **LH 53**

Anrede: Liebe Mitschülerinnen und Mitschüler/Liebe Leserinnen und Leser
Thema der Rede: ***Die Gefahren einer Alkoholsucht bei Jugendlichen***
Argumente für die Wichtigkeit des Themas: aktuelles Thema, auch für die Schule
Argumente für die Chancen einer Suchtvermeidung: Primärprävention: Information – Fürsorge – Verständnis – Gesprächsbereitschaft – Entwicklung von positivem Selbstwertgefühl – Hilfsprogramme gegen Leistungsdruck
Argumente gegen die Chancen einer Suchtvermeidung: Reizüberflutung – allgemeines Konsumdenken – fehlende familiäre Geborgenheit – Kommunikationsunfähigkeit

Gesamtwiederholung **LH 54**

Fragen zum Multi-Interview ①

1. Autounfall auf der Autobahn
2. Langweiler/keine Freunde
3. keine Kontaktbereitschaft – keine Beteiligung am Unterricht – schwankende Leistungen – zeitweise betrunken – außergewöhnliche Brecht-Interpretation
4. selbst angefertigte Zeichnung von Beyoncé
5. keine Einladung zur Geburtstagsparty – keine Aussichten auf positive Feriengestaltung – allein gelassen von den Eltern
6. zunächst ablehnend – zögerndes Mitfahren
7. keine Richtungsorientierung (Süden) – keine Ortskenntnis – Befürchtung, dass Tschick als minderjähriger Fahrer erkannt wird
8. Flucht – Wechsel der Nummernschilder – Lada verstecken
9. Kombinationsgabe – Nachricht in Cola-Flasche
10. Schlauch von Müllhalde – „Prinzip der kommunalen Röhren" – Isas Hilfe
11. Dankbarkeit
12. Erlebnis der Nähe
13. Schüsse aus dem Fenster – sonderbare Unterhaltung mit dem alten Kommunisten Fricke
14. Zusteuern auf Steilhang auf der Flucht vor der Polizei, Stürzen über die Kante
15. freundlich – verständnisvoll – hilfsbereit
16. Angabe der Krankenversicherungsdaten von André Langin
17. fiktives Telefongespräch mit der erfundenen Tante (verständnisvoller Mann am Telefon)
18. Unfall auf der Autobahn
19. Gerichtsverhandlung/Gerichtsurteil – Maiks: Sozialstunden/Tschick: Heimaufenthalt – Beweis der Freundschaft vor Gericht
20. Tatjanas Interesse – Isas Brief/Ankündigung ihres Besuchs – Maiks Verwirrung der Gefühle – Augenblick der Freiheit unter Wasser

Klassenarbeit

Gestaltendes Schreiben ② LH 57

Aufgabe 1: r – f – r – r – f

Aufgabe 2:
hoffnungsvoll: Bis zum Schluss gibt Maik die Hoffnung auf eine Einladung nicht auf.
uneinsichtig: Maik will nicht einsehen/erkennen, dass er nicht eingeladen ist.

Aufgabe 3: Demonstrativpronomen

Aufgabe 4:
a) Subjekt b) Das/Es war aber nicht so.

Gestaltendes Schreiben ③ LH 58

Aufgabe 5: Satzgefüge – einfacher Hauptsatz – Satzreihe

Aufgabe 6: Zeugnisausgabe – Läuten/Gong – todtraurig – ungeheuer – beinahe

Aufgabe 7: Maik/wenig Selbstwertgefühl – hält sich für Langweiler – hat keine Freunde – unglücklich verliebt – Tschick/neuer russischer Mitschüler – asoziale Verhältnisse – beide Außenseiter – Reise in die „Walachei" mit von Tschick gestohlenem Lada – viele Erlebnisse – Bekanntschaften – Entwicklung einer Freundschaft zwischen den beiden Jungen – immer auf der Flucht vor der Polizei – weitere Straftaten – Unfall/Ende der Reise – Gerichtsverhandlung/Gerichtsurteil – Freundschaft besteht weiter – Maiks neues Selbstwertgefühl/neuer Lebensmut

Interpretierendes Schreiben ② LH 60–61

Aufgabe 1: die gelungene Flucht der Jungen vor dem Dorfpolizisten

Aufgabe 2: starten – Dorfpolizisten – Rufen – durchschaute – abzufahren – Fahrrad – flüchten

Aufgabe 3: r – f – r – f – r

Aufgabe 4:
a) ***„Ich war mir nicht hundertprozentig sicher, warum er stehen blieb."***
b) ***„Normal und mit Nachdenken hätte ich das garantiert nicht gemacht."***

Aufgabe 5:
a) Der Polizist konzentriert sich jetzt auf das Verhalten von Tschick.
b) Maik ist im Augenblick unfähig zu handeln, er muss erst die Situation erfassen und reagieren.

Aufgabe 6 – Möglichkeiten:
„Das funktionierte nicht, und er musste erst die Finger zuhilfe nehmen."
„Meine Beine zitterten, aber es schien die richtige Entscheidung zu sein: Der Dorfsheriff wandte sich wieder seinem Fahrrad zu."
„Ich hatte ja nur einen Kürbis, und der Kürbis gehörte mir."

Aufgabe 7a – Möglichkeiten:
MAIK: ideenreich/reaktionsschnell („Theater" für Dorfpolizisten) – scharfer Beobachter (Verhalten des Dorfpolizisten)

TSCHICK: reaktionsschnell (schnelles Abfahren) – schnelle Auffassungsgabe (Maiks Pantomime)

Aufgabe 7b:
MAIK: ideenreich – gefühlvoll – nachdenklich – fantasievoll – sensibel – negatives Selbstwertgefühl – schüchtern
TSCHICK: einfühlsam – praktisch / logisch – mutig/risikobereit – ehrlich – verlässlich

Textausgaben/Audio-CD

Wolfgang Herrndorf: *tschick*. Roman. Rowohlt Berlin 2010 (gebundene Ausgabe).
Audio CD: Wolfgang Herrndor: *tschick*, gelesen von Hanno Koffler, argon hörbuch. Rowohlt Berlin 2010.
Wolfgang Herrndorf: *In Plüschgewittern*. Roman. Rowohlt Berlin 2002.
Wolfgang Herrndorf: *Diesseits des Van-Allen-Gürtels*. Roman. Rowohlt Berlin 2009.
Wolfgang Herrndorf: *Sand*. Roman. Rowohlt Berlin 2011.
Wolfgang Herrrndorf: *Arbeit und Struktur*. Rowohlt Berlin 2013.

Sekundärliteratur

Abraham, Ulf/Kepser, Matthis: *Literaturdidaktik Deutsch. Eine Einführung*. Erich Schmidt Verlag 2006
Bermann, Katja: *HÖR-GÄNGE, Konzeption einer Hörerziehung für den Deutschunterricht*. Athena 2006
Bernius, Volker/Imhof, Margarete (Hg.): *Zuhörkompetenz in Unterricht und Schule. Beiträge aus Wissenschaft und Praxis*. Edition Zuhören. Vandenhoeck & Ruprecht 2010
Betzel, Dirk: *Sicher in den Beruf. Materialien zu Berufswahl, Berufsorientierung und Bewerbung*. Schülerheft. Krapp & Gutknecht 2008
Brüning, Ludger/Saum, Tobias: *Erfolgreich unterrichten durch kooperatives Lernen. Strategien zur Schüleraktivierung*. NDS 2006
Brüning, Ludger/Saum, Tobias: *Erfolgreich unterrichten durch Visulisieren, Grafisches Strukturieren mit Strategien des Kooperativen Lernens*. NDS 2007
FiNALE Prüfungstraining Mittlerer Bildungsabschluss Basiswissen Deutsch. Westermann 2009, S. 125
Gansel, Carsten: *Moderne Kinder- und Jugendliteratur. Vorschläge für einen kompetenzorientierten Unterricht*. Cornelsen SCRIPTOR 2010
Handke, Peter: *Noch einmal für Thukydides*. Ergänzte Ausgabe. Residenz Verlag 1995, S. 19 – 22
Rosebrock, Cornelia/Nix, Daniel: *Grundlagen der Lesedidaktik und der systematischen schulischen Leseförderung*. Schneider Verlag Hohengehren GmbH 2010
Scheller, Ingo: *Szenische Interpretation. Theorie und Praxis handlungs- und erfahrungsbezogenen Literaturunterrichts in der Sekundarstufe I und II*. Kallmeyer 2004
Schoenbach, Ruth/Greenleaf, Cynthia/Cziko, Christine/Hurwitz, Lori: *Lesen macht schlau. Neue Lesepraxis für weiterführende Schulen*. Cornelsen Scriptor 2006
Spinner, Kaspar H.: *Kreativer Deutschunterricht. Identität – Imagination – Kognition*. Kallmeyer 2001
Wahl, Diethelm: *Lernumgebungen erfolgreich gestalten – Vom trägen Wissen zum kompetenten Handeln*. Bad Heilbrunn Verlag Julius Klinkhardt 2006

Internetadressen (Letzter Aufruf am 20.4.2020)

https://de.wikipedia.org/wiki/Der_F%C3%A4nger_im_Roggen
http://de.wikipedia.org/wiki/Die_Abenteuer_von_Tom_Sawyer_und_Huckleberry_Finn
https://de.wikipedia.org/wiki/Jugendkriminalit%C3%A4t
http://de.wikipedia.org/wiki/Walachei_(Region)
http://reisen.t-online.de/von-der-pampa-bis-zur-walachei-urlaub-am-ende-der-welt/id_15758124/index
http://www.schulzeux.de/deutsch/hausaufgaben-arbeiten/der-herr-der-fliegen-von-william-golding_inhaltsangabe-zusammenfassung-und-charakterisierung.html
http://de.wikipedia.org/wiki/Heldenreise
http://www.faz.net/aktuell/feuilleton/buecher/autoren/im-gespraech-wolfgang-herrndorf-wann-hat-es-tschick-gemacht-herr-herrndorf-1576165.html
http://www.teachsam.de/deutsch/d_literatur/d_gat/d_epik/strukt/erzpers/erzpers_2_1.htm
http://www.teachsam.de/deutsch/d_literatur/d_gat/d_epik/strukt/erzpers/erzpers_3_1.htm
http://www.teachsam.de/deutsch/d_literatur/d_gat/d_epik/strukt/erzpers/erzpers_7_2_1_1.htm
http://www.teachsam.de/deutsch/d_literatur/d_gat/d_epik/strukt/erzpers/erzpers_7_2_2_1.htm
https://de.wikipedia.org/wiki/Beyonc%C3%A9
http://de.wikipedia.org/wiki/Geschichten_vom_Herrn_Keuner
http://www.uni-bielefeld.de/lili/personen/seiler/drucke/verstehen/verstaendigung.html
http://www.familien-wegweiser.de/wegweiser/stichwortverzeichnis,did=120674.html
http://www.bzga.de/infomaterialien/unterrichtsmaterialien/nach-themen/